Steven Birkmeyer

Wachstumsstrategie - Firmenkauf und Beteiligung im Mittelstand

Motive & Methoden

GRIN - Verlag für akademische Texte

Der GRIN Verlag mit Sitz in München hat sich seit der Gründung im Jahr 1998 auf die Veröffentlichung akademischer Texte spezialisiert.

Die Verlagswebseite www.grin.com ist für Studenten, Hochschullehrer und andere Akademiker die ideale Plattform, ihre Fachtexte, Studienarbeiten, Abschlussarbeiten oder Dissertationen einem breiten Publikum zu präsentieren.

Dokument Nr. V182644 aus dem GRIN Verlagsprogramm

Steven Birkmeyer

Wachstumsstrategie - Firmenkauf und Beteiligung im Mittelstand

Motive & Methoden

GRIN Verlag

Bibliografische Information der Deutschen Nationalbibliothek: Die Deutsche Bibliothek
verzeichnet diese Publikation in der Deutschen Nationalbibliografie; detaillierte bibliografische Daten sind im Internet über http://dnb.d-nb.de/ abrufbar.

1. Auflage 2011
Copyright © 2011 GRIN Verlag GmbH
http://www.grin.com
Druck und Bindung: Books on Demand GmbH, Norderstedt Germany
ISBN 978-3-656-06314-8

Universität Trier

Professur für Mittelstandsökonomie

FB IV – Betriebswirtschaftslehre
Sommersemester 2011

Bachelorarbeit zur Erlangung des akademischen Grades

„Bachelor of Science (B. Sc.)"

Wachstumsstrategie:
Firmenkauf und Beteiligung im Mittelstand
Motive & Methoden

von

Steven Birkmeyer

Trier, im September 2011

Inhaltsverzeichnis

Abbildungsverzeichnis

Abkürzungsverzeichnis

BCG

    Boston Consulting Group

BDI

    Bundesverband der Deutschen Industrie

DCF

    Discounted Cash Flow

DDP

    Due Diligence Prüfung

F&E

    Forschung & Entwicklung

GmbHG

    Gesetz betreffend die Gesellschaften mit beschränkter Haftung

GWB

    Gesetz gegen Wettbewerbsbeschränkungen

IfD

    Institut für Demoskopie

IfM

    Institut für Mittelstandsforschung

M&A

    Mergers & Acquisitions

MIND

    Mittelstand in Deutschland

PMI

    Post Merger Integration

VDA

    Verband der Automobilindustrie

WHU

    Wissenschaftliche Hochschule für Unternehmensführung

1. Einleitung

1.1. Problemstellung

Mit der zunehmenden Globalisierung hat sich das Umfeld, in dem sich Unternehmen heute behaupten müssen, stark verändert. Der weltweit zunehmende Wettbewerb stellt Unternehmen vor neue Herausforderungen, die in der bisherigen Unternehmensstruktur und –größe immer öfter nicht mehr bewältigt werden können. In den heutzutage global stark vernetzen Kapitalmärkten kann ein rein unternehmensinternes Wachstum nicht mehr als alleinige Grundlage zur Existenzsicherung dienen. Eine Möglichkeit dem starken Wettbewerb standzuhalten, wird deshalb im externen Wachstum gesehen.[1] Vor allem Großunternehmen reagieren auf die neuen Entwicklungen am Kapitalmarkt mit Unternehmenszusammenschlüssen, sodass die Anzahl von Mergers & Acquisitons (M&A) Aktivitäten in den letzten Jahren stark gestiegen ist.

Im Jahr 2009 wurden trotz der Finanz- und Wirtschaftskrise weltweit rund 20.000 M&A-Transaktionen durchgeführt. Das Transfervolumen betrug hierbei etwa 1,26 Billionen US-Dollar.[2] Diese Zahl ist jedoch vergleichsweise niedrig. Im Jahr 2000, zu Zeiten des Dot.com Hypes, wurden weltweit etwa 36.700 M&A-Transaktionen mit einem Gesamtwert von 3,49 Billionen US-Dollar gezählt.[3]

Es vergeht kaum eine Woche in der nicht über Firmenübernahmen durch Dax-Konzerne, oder deren Beteiligungen an anderen Unternehmen, berichtet wird. Ob Daimlers Interesse am Motorenhersteller Tognum oder das Interesse von Volkswagen an der Maschinenfabrik Augsburg-Nürnberg (MAN), die Konzerne versprechen sich von ihren Beteiligungen neben Synergieeffekte und der Erschließung neuer Geschäftsfelder vor allem eines: Wachstum!

Externes Wachstum, insbesondere Wachstum durch den Erwerb von Unternehmen, soll vor allem Erfolg durch die Stärkung der eigenen Wettbewerbsposition generieren. M&A-Aktivitäten können jedoch auch viele Risiken bergen. Deshalb ist eine genaue Prüfung des zur Diskussion stehenden Unternehmens essentiell, um das Risiko einer Fehlinvestition zu minimieren. Die oftmals milliardenschweren Transaktionen werden meist von ganzen M&A-Abteilungen in den Unternehmen selbst, oder durch externe,

---

[1] Vgl. Further (2006), S. 11.
[2] Vgl. BCG-Studie (2010), S. 7.
[3] Vgl. Jansen, Stephan (2001), S. 37.

spezialisierte Unternehmensberatungen geplant und durchgeführt. Dieser Prozess kostet die Unternehmen im Vorfeld schon Millionen.

Wie sieht es aber nun mit Unternehmenstransaktionen im deutschen Mittelstand aus? Der weltweit zunehmende Wettbewerb und die damit einhergehenden Herausforderungen machen auch vor mittelständischen Unternehmen nicht halt.[4] In diesem Zusammenhang stellt sich jedoch die Frage: Sind mittelständische Unternehmen überhaupt bereit, beziehungsweise in der Lage aufgrund der hohen Kosten und des Risikos Unternehmenstransaktionen durchzuführen?

1.2. Zielsetzung, Vorgehensweise und Aufbau der Arbeit

Bei mittelständischen Unternehmen sind M&A-Aktivitäten unterschiedlich zu behandeln als M&A-Transaktionen von Großunternehmen und multinationalen Konzernen. Zu beachten gilt, dass im Mittelstand vergleichsweise andere Erfolgskonzepte und Motive im Vordergrund stehen. Primär haben Erfolgsfaktoren eine andere Intensität, Ausprägungsformen und Gewichtungen. Unternehmenstransaktionen haben sich als Instrument des strategischen Managements etabliert und rücken zunehmend auch für den Mittelstand in den Mittelpunkt strategischer Überlegungen.[5] Somit gehören Unternehmensakquisitionen mittlerweile zu einem wichtigen strategischen Erfolgsfaktor. Jedoch weisen M&A-Transaktionen im Mittelstand eine Reihe von Besonderheiten auf und sind nicht mit den Problemen von Großunternehmen gleichzusetzen. Bei mittelständischen Unternehmen unterliegen M&A-Vorhaben oftmals einigen Restriktionen, wie eingeschränkten Managementressourcen, mangelnden Fachspezialisten und allgemein nur wenig M&A-Erfahrungen.

Die Frage, inwiefern Unternehmensakquisitionen auch für den Mittelstand eine optimale Wachstumsstrategie darstellen, soll daher im Folgenden untersucht werden. Hierbei stellt sich zusätzlich die Frage, ob Firmenkäufe und Beteiligungen überhaupt eine sinnvolle Wachstumsstrategie für mittelständische Unternehmen sind?

In Bezug auf diese Zielsetzung, werden der vorliegenden Arbeit deshalb folgende Leitfragen zugrunde gelegt, an denen sich der Aufbau orientiert:

> ➢ Welche Unternehmen kann man als mittelständisch bezeichnen?

> ➢ Welche Motive verfolgen Unternehmen bei Firmenakquisitionen?

---

[4] Vgl. Further (2006), S. 11.
[5] Vgl. Balz, Ulrich / Arlinghaus, Olaf (2007), S. 9.

> ➢ Welchen Hemmnissen unterliegen Firmenkäufe und Beteiligungen?

> ➢ Welche Methoden und Vorgehensweisen existieren bei Akquisitionen?

> ➢ Stellen Firmenkäufe und Beteiligungen eine sinnvolle Wachstumsstrategie für mittelständische Unternehmen dar?

In Kapitel 2 soll zunächst eine Abgrenzung des Begriffs „Mittelstand" vorgenommen werden, bevor sowohl auf unterschiedliche Formen von Mergers & Aqusitions und die unterschiedlichen Marktteilnehmer eingegangen wird. Das 3. Kapitel betrachtet die Motive, die Unternehmen bei ihrem Vorhaben verfolgen. Durch das Heranziehen verschiedener Studien sollen die möglichen Motive für Firmenkäufe und Beteiligungen gegenübergestellt werden – angefangen von der Stärkung der Marktposition über die Erschließung neuer Märkte, bis hin zur Nutzung von Synergieeffekten. In Kapitel 4 werden die Hemmnisse, denen Unternehmen ausgesetzt sind, näher betrachtet. M&A-Transaktionen sind sehr komplex und sind aufgrund mangelnder Erfahrung im Mittelstand stark risikobehaftet, sodass sie den Marktteilnehmern oftmals nicht den erwarteten Erfolg bringen. Deshalb ist es wichtig nicht nur Ziele zu definieren, sondern Hemmnisse zu erkennen und zu überwinden. Vor diesem Hintergrund ist eine gute Planung und Durchführung unerlässlich und wird daher im 5. Kapitel genauer erläutert. Hierfür werden verschiedene Vorgehensweisen und Methoden bei Akquisitionen vorgestellt und miteinander verglichen, wobei besonders die Due Diligence Prüfung fokussiert wird. Da mit Ausnahme von börsen- und wertpapierhandelsrechtlichen Vorschriften, keine festen Regeln für Unternehmenstransaktionen existieren, können Unternehmenskäufe deshalb hinsichtlich der Ausgestaltung und Durchführung unterschiedlich ablaufen. Aufbauend auf den Ausführungen in den vorangehenden Kapiteln soll abschließend im 6. Kapitel die Wachstumsstrategie „Firmenkauf und Beteiligung" einer kritischen Betrachtung unterzogen werden. Darüber hinaus soll letztendlich beurteilt werden, inwiefern Unternehmensakquisitionen eine geeignete Wachstumsstrategie für den Mittelstand darstellen.

2. Grundlagen: M&A relevante Aspekte

2.1. Definition Mittelstand

Für den Begriff „Mittelstand" gibt es keine einheitliche Legaldefinition. In Deutschland gehören, laut dem Institut für Mittelstandsforschung (IfM), 99,7% aller Unternehmen dem Mittelstand an. Das IfM definiert „Mittelstand" anhand zweier Merkmale. Zum einen über quantitative Merkmale als kleine und mittlere Unternehmen (KMU), zum anderen über das qualitative Merkmal der Familienunternehmen. Als KMU werden in der Regel Unternehmen gezählt, die maximal 500 Beschäftigte aufweisen und einen Jahresumsatz von 50 Millionen Euro nicht überschreiten (vgl. Abb. 1). Familienunternehmen sind die Unternehmen, bei denen Eigentums- und Leitungsrechte in der Person des Unternehmers oder der Unternehmerin bzw. deren Familie vereint sind. Die Abgrenzung von Familienunternehmen zu Nicht-Familienunternehmen basiert ausschließlich auf qualitativen Überlegungen. Quantitative Aspekte wie Größe und Umsatz spielen bei der Definition des Familienunternehmens beim IfM keine Rolle.[6] Nach einer Empfehlung der Europäischen Union, an der sich beispielsweise das statistische Bundesamt orientiert, zählen zu KMU, Unternehmen unter 250 Mitarbeiter und unter 50 Millionen Euro Umsatz.[7] Für diese Arbeit wird grundsätzlich die Mittelstandsdefinition des IfM Bonn verwendet.

---

[6] Vgl. IfM Bonn (a), URL
[7] Vgl. Europäische Kommission (2006), S.14ff.

Abb. 1: KMU

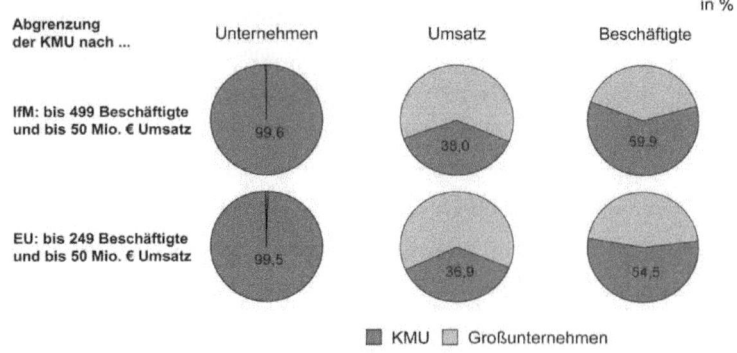

2.2. Formen von Mergers & Acquisitions

In den vergangenen Jahren haben sich M&A als Komponente des strategischen Managements weitgehend gefestigt und werden als Oberbegriff einer großen Bandbreite von Aktivitäten, bzw. Formen von Unternehmenstransaktionen verwendet.[8]

Der Begriff M&A stammt aus dem englischsprachigen Raum und steht für unterschiedliche Sachverhalte. In der wirtschaftlichen Literatur existiert eine Vielzahl von Unterscheidungen und Definitionen über Unternehmensfusionen (engl. merger) und Unternehmenskäufen oder –übernahmen (engl. acquisition).[9] Zu beachten gilt, dass alle Formen von Unternehmenstransaktionen unter dem Begriff M&A subsumiert werden, da es keine einheitliche Begriffsverwendung gibt. Grundsätzlich kann man jedoch festhalten, dass M&A-Aktivitäten bestimmte Grundcharakteristika aufweisen. Als konstitutives Merkmal gilt hier insbesondere die Änderung der Eigentümerver-hältnisse.[10]

---

[8] Vgl. Balz, Ulrich (2007), S. 11.
[9] Vgl. Keller, Michael / Hohmann Bruna (2007), S. 586.
[10] Vgl. Lucks, Kai / Meckl, Reinhard (2002), S.23.

Bei M&A-Aktivitäten werden hauptsächlich drei Formen unterschieden:

> **Fusionen**: Fusionen umfassen Unternehmenszusammenschlüsse nach dem Umwandlungsgesetz (Verschmelzungen, Vermögensübertragungen). Vereinfacht gesprochen, werden zwei oder mehrere Unternehmen zu einer Einheit zusammengefasst, wobei ein Unternehmen dabei seine Selbstständigkeit verliert. Bei Fusionen unterscheidet man zwischen Unternehmensneubildung und dem Aufgehen einer der Gesellschaften in die andere Unternehmung. Die „übertragene" Gesellschaft geht somit unter und die Gesellschafter erhalten Anteile an der aufnehmenden Gesellschaft.[11]

> **Unternehmenskauf**: Ein Unternehmenskauf oder –verkauf beinhaltet einen Wechsel des rechtlichen und/oder wirtschaftlichen Eigentums von Gesellschaftsanteilen gegen Entgelt. Unternehmensanteile werden entweder durch eine Übertragung der Gesellschaftsanteile (Share Deal) oder durch den Kauf der Vermögenswerte (Asset Deal) erworben.[12] Das akquirierte Unternehmen verliert hierbei nicht nur seine wirtschaftliche Unabhängigkeit sondern auch seine juristische Selbstständigkeit.[13]

> **Strategische Allianzen und Joint Ventures**: Strategische Allianzen und Joint Ventures stellen ebenfalls Unternehmenstransaktionen dar. Unter strategischen Allianzen werden langfristig ausgerichtete Kooperationen verstanden, die für den langfristigen Unternehmenserfolg der beteiligten Partner eine strategisch wichtige Bedeutung einnehmen.[14] Unter dem Begriff Joint Venture versteht man hingegen alle rechtlichen und wirtschaftliche Formen der Kooperation von verschiedenen Unternehmen. Bei einem Joint Venture entsteht ein rechtlich selbstständiges Gemeinschaftsunternehmen, das von mindestens zwei Partnern gegründet wird. Hierbei bringen die kooperierenden Unternehmen Teile ihres Unternehmensvermögens in eine gemeinsame Zielgesellschaft ein.[15]

Zu beachten ist, dass bei M&A-Aktivitäten Unternehmen ihre wirtschaftliche und oftmals auch ihre rechtliche Selbstständigkeit verlieren, während sie bei strategischen

---

[11] Vgl. Geuting, Marcus (2007), S. 188.
[12] Vgl. Balz, Ulrich (2007), S. 12.
[13] Vgl. Lucks, Kai / Meckl, Reinhard (2002), S.23ff.
[14] Vgl. Keller, Michael / Hohmann, Bruno (2007), S. 586.
[15] Vgl. Geuting, Marcus (2007), S. 190.

Allianzen und Joint Ventures rechtlich und außerhalb der kooperierenden Bereiche auch wirtschaftlich selbstständig bleiben.[16]

Aus Gründen der Vollständigkeit wurde in der vorliegenden Arbeit lediglich eine kurze Einführung in M&A-Transaktionen gegeben. Da M&A eine große Bandbreite von Aktivitäten umfassen, wird daher im Folgenden nur auf Firmenkäufe und Beteiligungen eingegangen.

2.3. Marktteilnehmer

Marktteilnehmer sind zunächst die Käufer und Verkäufer von Unternehmen oder Unternehmensanteilen. Weiter sind unterschiedliche intermediäre Dienstleister aktiv, welche auf das M&A-Geschäft spezialisiert sind.[17] Diese Dienstleister verfügen neben fachspezifischem Wissen vor allem über exzellente Netzwerke innerhalb der Branche, beispielsweise zu Banken oder zu den beratenden Berufen.[18] Zu diesen Intermediären zählen unter anderem Unternehmensberater, Makler, Rechtsanwälte oder Kreditinstitute.[19] Käufer können in corporate acquires und financial buyers, also expandierende Unternehmen oder renditeorientierte Investoren unterschieden werden.[20] Zwischen den strategisch orientierten Käufern und den Finanzinvestoren ist in den letzten Jahren eine wachsende Konkurrenz festzustellen.[21] Verkäufer handeln aus unterschiedlichen Motiven und gehören unterschiedlichen Gruppen an.[22] So können dies Unternehmer sein, die sich aus dem aktiven Tagesgeschäft zurückziehen wollen, wie strategische Verkäufer, die sich von einem Geschäftsbereich trennen wollen, oder Finanzinvestoren die ihre Investition liquidieren wollen.

3. Motive der Unternehmen

Dieses Kapitel beschäftigt sich mit den Beweggründen mittelständischer Unternehmen zur Firmenakquisition. Es werden im Folgenden drei wesentliche Motive der Unternehmen vorgestellt und erläutert. Zum Verständnis der Motive ist es wichtig die

---

[16] Vgl. Balz, Ulrich (2007), S. 12.
[17] Vgl. Jansen, Stephan (2001), S. 16.
[18] Vgl. Balz, Ulrich (2007), S. 15.
[19] Vgl. Gösche, Axel (1991), S. 25.
[20] Vgl. Jansen, Stephan (2001), S. 17.
[21] Vgl. Inga Voss (2006), S. 319.
[22] Vgl. Balz, Ulrich (2007), S. 13.

jeweilige Ausgangsituation des Käufers zu verstehen. Ein Käufer kann sehr unterschiedliche Motive für den Kauf eines Unternehmens verfolgen. Im Wesentlichen sind hierbei strategische, finanzielle oder operative Ziele zu nennen.[23]

3.1. Die Stärkung der Marktposition im Wettbewerb

Das Hauptmotiv für die vollständige oder teilweise Übernahme von Firmen durch mittelständische Unternehmen ist der Ausbau der eigenen Marktposition. In einer Studie des Instituts für Demoskopie Allensbach und der WHU Koblenz nannten 77 % der Familienunternehmen die Stärkung der eigenen Marktposition, als wichtigsten Punkt für die Entscheidung einer Übernahme oder einer Beteiligung.[24] Vor allem in wettbewerbsintensiven Brachen können M&A-Transaktionen der Sicherung von Marktanteilen und der Beruhigung des Wettbewerbs dienen.[25]

Warum die Stärkung der Marktposition ein so wichtiger Punkt für die Unternehmen ist, lässt sich bei einem Blick auf die Geschäftsmodelle der Mittelständler erklären. Der große Vorteil der meisten Unternehmen ist es, schnell und mit großem, spezifischem Wissen zu arbeiten. Als Beispiel hierfür lässt sich die Industrie der Automobilzulieferer anführen. Viele mittelständische Unternehmen, vor allem im süddeutschen Raum, haben sich darauf spezialisiert, einzelne Teile für den Automobilbau zu entwickeln und zu produzieren. Durch diese Spezialisierung weisen die Unternehmen ein hohes Know-how auf. Jedoch zieht diese Stärke mittelständischer Unternehmen gleichzeitig auch Gefahren mit sich. So stehen die Unternehmen unter einem hohen Innovationsdruck, um ihre überlebenswichtigen Aufträge nicht an Mitbewerber zu verlieren. Für die Unternehmen kann es durchaus eine Option sein, durch eine Übernahme oder eine Beteiligung die Innovationsfähigkeit zu verbessern, um die Marktposition zu stärken.

Ein anderer Punkt ist die meist enge und spezialisierte Produktpalette. Vor allem die Wirtschaftslage in der Automobilbrache ist sehr volatil. Produktionseinbrüche von bis zu 22 % haben natürlich auch massive Auswirkungen auf die Zulieferer.[26] Trotz Kurzarbeitergeld und anderen Konjunkturmaßnahmen kam es im Zuge der Finanz- und Wirtschaftskrise im Jahr 2009 bei den deutschen Automobilzulieferern zu einem Umsatzeinbruch von 20 bis 40 %. Bereits im Januar 2009, also keine vier Monate nach

[23] Vgl. Keller Michael / Hohmann, Bruno (2007), S 588.
[24] Vgl. IfD-Allensbach / WHU Koblenz Studie (2007), S. 2.
[25] Vgl. Keller Michael / Hohmann, Bruno (2007), S 588.
[26] Vgl. VDA (2009), URL

Krisenausbruch, waren in Deutschland bereits 20 Zulieferunternehmen insolvent und 300 Unternehmen massiv insolvenzgefährdet.[27] Für gesunde mittelständische Unternehmen ist diese Situation eine gute Chance ihre eigene Marktposition zu stärken. Durch die Akquisition eines beispielsweise konkurrierenden, insolventen Betriebes ergibt sich für die Firmen eine gute Gelegenheit zur Verbesserung der eigenen Marktposition. Hieraus resultiert auch die Möglichkeit das Unternehmen breiter aufzustellen um zukünftige Kriseneffekte abzumindern.

Aber nicht nur finanziell angeschlagene Unternehmen bieten die Möglichkeit zum günstigen Unternehmenskauf, auch kerngesunde Unternehmen stehen immer häufiger zum Verkauf. Dies ist das Resultat der fehlenden Unternehmensnachfolge. Im Zeitraum von 2005 bis 2009 standen in Deutschland nach Hochrechnungen des IFM Bonn, 15.000 Familienunternehmen mit etwa 114.000 Beschäftigten zum Verkauf. 5.900 Familienunternehmen wurden sogar mangels Nachfolger stillgelegt. (vgl. Abb. 2). Jedoch ist hier auch Vorsicht geboten. Aus der Praxis sei ausdrücklich darauf hinzuweisen, bei allzu verlockenden Angeboten genau hinzuschauen und besonders aufmerksam zu sein, denn sogenannte Schnäppchen gibt es beim Unternehmenskauf eher selten.[28]

---

[27] Vgl. Berger, Roland (2009), S. 1.
[28] Vgl. Brüser, Joachim (2007), S. 188.

Abb. 2: Unternehmensnachfolge im Zeitraum 2005 bis 2010

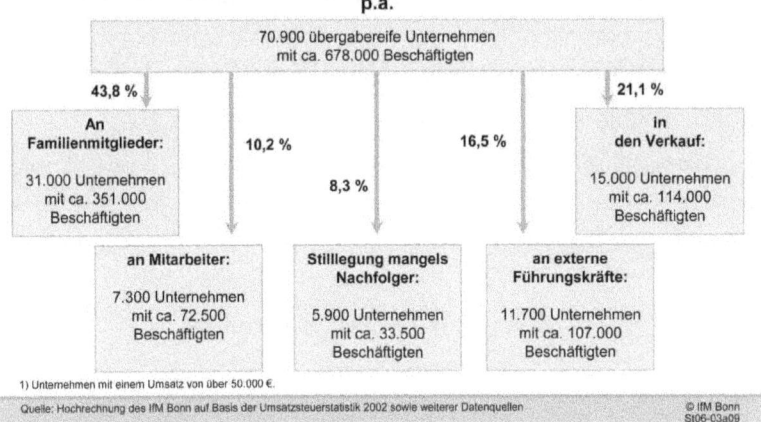

Quelle: IfM Bonn (c), URL

3.2. Die Erschließung neuer geographischer Märkte

Viele Unternehmenstransaktionen finden auch vor dem Hintergrund der Erschließung neuer, bzw. ausländischer Märkte statt.[29] Als zweithäufigstes Motiv bei Firmenkäufen und Beteiligungen, nannten 39 % der befragten Unternehmen in der IfD/WHU Studie, die Erschließung neuer geographischer Märkte.[30] Dies erfolgt insbesondere dann, wenn ein organisches Wachstum in diesen Märkten einen ungleich längeren Zeitraum oder Aufwand in Anspruch nehmen würde oder in Phasen, in denen Märkte zwischen einigen wenigen Wettbewerbern verteilt werden. Ein weiterer Beweggrund ist die Besetzung von Nischen- oder Wachstumsmärkten.[31]

Vieles spricht dafür, dass nennenswerte Wachstumsimpulse für den deutschen Mittelstand nicht mehr in erster Linie in dem überwiegend gesättigten Wirtschaftsraum Westeuropa zu finden sind, sondern zunehmend in den aufstrebenden Volkswirtschaften Asiens. Zwar

---

[29] Vgl. Keller Michael / Hohnmann, Bruno (2007), S. 586.
[30] Vgl. IfD-Allensbach / WHU Koblenz Studie (2007), S. 2.
[31] Vgl. Keller Michael / Hohnmann, Bruno (2007), S. 587.

misst die Mehrzahl der befragten Unternehmen dem westeuropäischen Wirtschaftsraum auch heute noch die größte strategische Bedeutung bei; China und die weiteren asiatischen Märkte werden jedoch als Zielregionen für den Mittelstand immer interessanter.[32] (vgl. Abb. 2)

Berücksichtigt man die fortschreitende Globalisierung und die hohe Exportquote Deutschlands ist dies wenig verwunderlich. Ausländische Märkte gewinnen auch für mittelständische Unternehmen, in Folge verbesserter Infrastruktur und globaler Vernetzung, zunehmend an Bedeutung. Die Schwerpunkte liegen hierbei neben dem europäischen Binnenmarkt vor allem in den BRIC-Staaten (vgl. Abb. 3).

Mehr als 80 % der befragten Unternehmen einer KPMG-Mittelstandstudie[33] gaben an bereits im europäischen Ausland tätig zu sein oder eine Aktivität in Zukunft zu planen. Weiter gaben fast dreiviertel der befragten Unternehmen an über Expansionen außerhalb der EU nachzudenken.

Abb. 3: Zielregionen von strategischer Bedeutung (in Prozent)

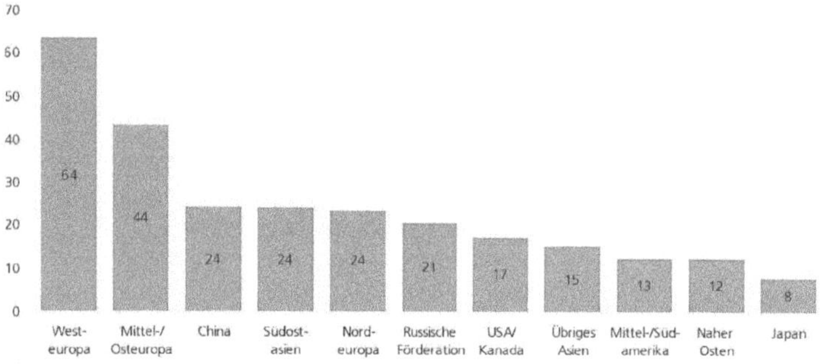

Quelle: DZ BANK Mittelstandsstudie (2011), S. 11.

Besonders das produzierende Gewerbe weist mit 79 % eine hohe Orientierung am Ausland auf (vgl. Abb. 3). Erstaunlich ist, dass bereits 35 % der Kleinunternehmen (Umsatz < 5 Millionen) Umsätze im Ausland erwirtschaften. Interessant wird aber nun, wie die Unternehmen ihre Umsätze erzielen. Betrachtet man exemplarisch die in Abbildung 4 aufgeführten Auslandsaktivitäten im wichtigsten Zukunftsmarkt Asien lässt sich zwar feststellen, dass die Mehrheit nur aus direkten Import- und Exportbeziehungen besteht, jedoch 19 % der mittelständischen Unternehmen auch Joint

---

[32] Vgl. DZ Mittelstandsstudie (2011), S. 1.
[33] Vgl. KPMG-Studie (2007), S. 17.

Venture betreiben. Joint Ventures bieten Unternehmen die Möglichkeit mit weniger Ressourcen in einen Markt einzutreten. Unternehmen können so in Märkten agieren, in denen sie sonst keine ausreichenden Outputs zur Amortisation ihrer Kosten erzielen.[34]

Abb. 4: Auslandsaktivitäten mittelständischer Unternehmen nach Branchen und Umsatz (in Prozent)

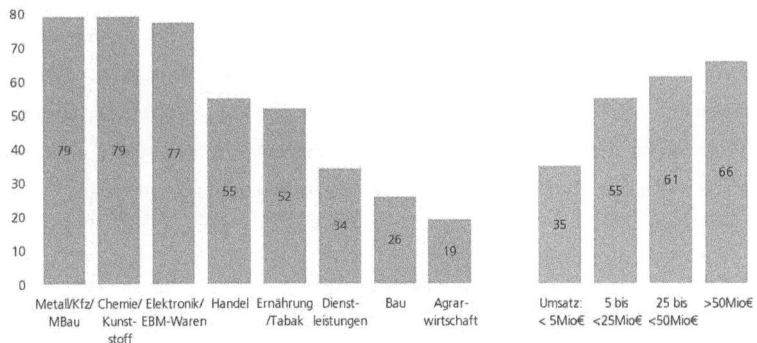

Quelle: DZ BANK Mittelstandsstudie (2011), S. 10.

Abb. 5: Auslandsaktivität nach ihrer Art in Asien (in Prozent)

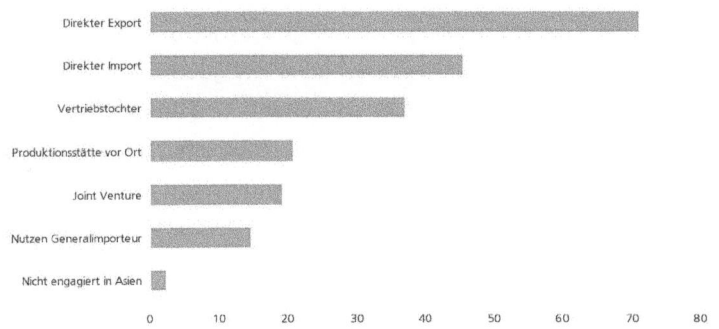

Quelle: DZ BANK Mittelstandsstudie (2011), S. 13.

Etwa 20 % der Unternehmen haben bereits eine Produktionsstätte vor Ort. Zerlegt man diese Durchschnittszahl nach Unternehmensgrößenklassen, lässt sich feststellen, dass

---

[34] Vgl. Bounken, Ricarda / Koch, Michael (2006), S.219

hier die großen Familienunternehmen (Definition nach IfM Bonn) überproportional mit rund 40 % vertreten sind. Währenddessen kleinere Unternehmen (Umsatz < 25 Millionen) nur zu lediglich 13,5 % eine eigene Produktionsstätte vor Ort besitzen. Knapp 40 % der mittelständischen Unternehmen haben eine eigene Vertriebstochter in Asien.[35] Sowohl bei einer Produktionsstätte, also auch bei einer Vertriebstochter, stehen die Unternehmer vor der Frage, ob sie selbst in den Markt eintreten oder durch eine Beteiligung, bzw. ein Joint Venture, oder einer kompletten Firmenübernahme sich Zugang zum Markt verschaffen. Gerade Firmenübernahmen und Beteiligungen bieten Unternehmen die Möglichkeit, schnell in einen Markt einzutreten und die Markteintrittsbarrieren zu überwinden. Für eine erfolgreiche Markterschließung sind oftmals intime Kenntnisse regionaler Rahmenbedingungen und Kontakte zu lokalen Akteuren vonnöten, welche mit einer lokal ansässigen Firma eingekauft werden.[36]

3.3. Die Nutzung von Synergieeffekten

Ein weiterer Aspekt aus dem Unternehmensübernahmen und Beteiligungen für mittelständische Unternehmen interessant sind, ist die Entstehung von Synergieeffekten. Unter dem Begriff Synergieeffekt versteht man die positive Wirkung, die sich aus dem Zusammenschluss zweier Unternehmen ergibt. Häufig werden Unternehmensübernahmen mit der Gewinnung von Synergieeffekten begründet. Durch Synergien soll die Effizienz gesteigert werden, indem spezielle Fähigkeiten eines Unternehmens analog im anderen Unternehmen eingesetzt werden und Ressourcen gemeinsam genutzt werden.[37] Der Begriff Synergie wird häufig durch die Formel 1+1= 3 dargestellt, was besagen soll, dass durch ein teilweises oder vollständiges Zusammenfassen von bestimmten Funktionen oder Tätigkeiten zusätzliche Vorteile erzielt werden können. Die Addition der Potentiale führt zu einer Multiplikation des Erfolgs, der größer ist als die Summe der Einzelleistungen.[38] Wertsteigerungseffekte einer Akquisition sind jedoch in der Regel erst dann zu erwarten, wenn die vorhandenen Wertsteigerungspotentiale durch die erfolgreiche Integration in den Unternehmensverbund des Käufers erreicht wurde (siehe Kapitel 5.4).[39] Auf produktionstechnischer Ebene lassen sich Synergieeffekte

---

[35] Vgl. DZ BANK Mittelstandsstudie (2011), S. 13.
[36] Vgl. Böhringer, Andreas / Budowsky, Ilka / Ebers, Mark / Maurer, Indre (2006), S. 137.
[37] Vgl. Ziegler, Markus (1997), S. 29f.
[38] Vgl. Grösche, Axel, (1991), S. 21.
[39] Vgl. Rockenholtz, Carsten (2005), S. 212.

realisieren, in dem man Produktionskosten beispielsweise durch die Zusammenführung der Fertigungsbereiche senkt.

Jedoch entstehen Synergiepotentiale nicht nur bei Unternehmenskäufen sondern auch bei Beteiligungen. Forschungs- und Entwicklungssynergien können durch gemeinsamen Gebrauch von z.b. Laboratorien, Testgeländen oder Know-how-Austausch erzielt werden.[40] Eine Überkreuzbeteiligung, also eine gegenseitige Beteiligung zweier Unternehmen, bietet die Möglichkeit einer gemeinsamen Forschung & Entwicklung (F&E). Ein bekanntes Beispiel hierfür ist die Überkreuzbeteiligung von Daimler und Renault. Neben sinkenden Kosten durch die Kooperation besitzt eine Überkreuzbeteiligung auch große Vorteile hinsichtlich der rechtlichen Absicherung der einzelnen Unternehmen. Durch diese Absicherung kann aufgrund der jeweiligen Anteile sichergestellt werden, dass beide Unternehmen gleichermaßen durch die Kooperation profitieren. Die Gefahr des opportunistischen Verhaltens wird somit minimiert. Somit können Synergieeffekte, die sich Erwerber und Veräußerer einer Allianz versprechen unter anderem auch in einer vergrößerten Handelstiefe oder auch in der Verbesserung der Vertriebsorganisation begründet sein, indem man beispielsweise eine Bereinigung oder Aufteilung der Produkte oder Märkte vornimmt, um diese intensiver zu bearbeiten.[41] Erschließbare Synergien durch Akquisitionen können neben der üblichen Differenzierung aus Sicht des potentiellen Erwerbers in drei Kategorien eingeteilt werden:[42]

> **Universelle Synergien:** Von jedem Erwerber erzielbare Synergien, die vor allem im Verwaltungsbereich des Unternehmens und anderen einer synergetischen Nutzung leicht zugänglichen Bereiche liegen.

> **Endemische Synergien:** Sind nur von einem Teil der Erwerber durch Bereinigung von Doppelaktivitäten zu erreichen.

> **Einzigartige Synergien:** Nur ein spezieller Käufer bringt die Fähigkeiten mit, Synergien zu generieren. Der Kaufpreis liegt häufig unter dem Wert, den das Unternehmen für den Erwerber darstellt.

---

[40] Vgl. Grösche, Axel, (1991), S. 21.
[41] Vgl. Grösche, Axel, (1991), S. 21.
[42] Vgl. Jansen, Stephan (2001), S. 104f.

4.   Hemmnisse der Unternehmen

Den im vorherigen Kapitel dargelegten Motiven der Unternehmen stehen aber auch Hemmnisse gegenüber. Vor allem kleine und mittlere Unternehmen haben Bedenken und Vorurteile, wenn es um die Wachstumsstrategie „Firmenkauf und Beteiligungen" geht. Das folgende Kapitel wird sich mit diesen Hemmnissen beschäftigen.

4.1.   Finanzierung

Ein bekanntes, allgemeines Problem ist es, dass der deutsche Mittelstand generell wenig Eigenkapital aufweist (vgl. Abb. 6). Hieraus ergibt sich neben allgemeinen Finanzierungsproblemen vor allem das Problem finanzintensive Investitionen, wie eine Firmenübernahme oder eine Beteiligung zu tätigen.

> Unternehmen sind umso handlungsfähiger, je mehr Eigenkapital sie zur Verfügung haben. Ein Mangel an Eigenkapital ist in jeder Situation eine Achillesferse. Er kann gefährlich werden in Zeiten schwacher Wirtschaftsentwicklung, um einmal eine Durststecke überbrücken zu können. Es kann genauso gefährlich sein in Wachstumsphasen, wenn ein Unternehmen dadurch daran gehindert wird, sich öffnende Chancen zu nutzen.[43]

Die niedrige Eigenkapitalquote zwingt die mittelständischen Unternehmen überwiegend zur Kreditfinanzierung. Traditionell stellt die Kreditfinanzierung eine von den gebräuchlichsten Finanzierungsarten im Mittelstand dar. Jedoch hat sich im Zuge der Finanzkrise die Bereitschaft der Banken zur Kreditvergabe verschlechtert. Aber auch die strengeren Eigenkapitalvorschriften durch Basel II erschweren die Kreditvergabe für Mittelständler. Eine niedrige Eigenkapitalquote führt, verstärkt durch Basel II, zu einem schlechteren Rating des Unternehmens. Basel II zwingt Banken zu einer tatsächlichen Eigenkapitalunterlegung um sie zu einer genauen Kalkulation der Risikoprämien zu motivieren. Die Risikoeinschätzung soll sich dabei auf ein Rating der Kreditnehmer stützen.[44] Mittelständische Unternehmen sind somit aufgrund des aus der niedrigen Eigenkapitalquote resultierenden schlechten Ratings besonders betroffen.

Als Konsequenz, sofern ein Kredit überhaupt bewilligt wurde, ergibt sich für die Unternehmen ein höherer Zinssatz. Teure Investitionen wie beispielsweise die Übernahme eines Konkurrenten werden somit noch teurer. Nach einer KPMG-Studie ist

---

[43] Hilgert, Heinz / Ortseifen, Stefan (2007), S. 32f.
[44] Vgl. Baxmann, Ulf (2004), S. 442ff.

für über 60 % der mittelständischen Unternehmen in Europa Eigenkapital die wichtigste Quelle zur Finanzierung von Übernahmen.[45] Ein möglicher Lösungsansatz für dieses Problem wäre die Einbeziehung externer Eigenkapitalgeber, sogenanntes Private Equity. Diese außerbörslichen Eigenkapitalgeber werden von den mittelständischen Unternehmen aber meist gescheut. Externe Kapitalgeber am Unternehmen zu beteiligen erscheint vielen mittelständischen Unternehmen noch immer als wenig erstrebenswert. Das Bild der Heuschrecke ist bei vielen Unternehmen sehr präsent.[46] Viele Mittelständler fürchten, durch weitere Teilhaber an ihrem Unternehmen, einen Kontrollverlust. Die möglichen Vorteile die externe Eigenkapitalgeber mit sich ziehen werden meist nicht berücksichtigt. So ist es gerade bei der Finanzierung einer Firmenübernahme durchaus sinnvoll einen externen Eigenkapitalgeber an Bord zu holen, da das Unternehmen so beispielsweise von dessen Know-how bezüglich Unternehmensakquisitionen profitieren kann.

Abb. 6: Eigenkapitalquoten deutscher mittelständischer Unternehmen im europäischen Vergleich

Umsatz in Mio. €	Deutschland	Frankreich	Spanien
7- 40	22%	35%	43%
> 40	31%	35%	37%

Quelle: Jungblut, Eric (2003), S. 15.

4.2.   Fremde Märkte

Grenzüberschreitende Firmenakquisitionen und Beteiligungen stellen die Möglichkeit eines schnellen Markteintritts dar. Die Erschließung neuer geographischer Märkte bedeutet für die Unternehmen vor allem das Überwinden von Hindernissen. So sind besonders kulturelle und sprachliche Unterschiede als Barrieren für den Markteintritt hinderlich. Allgemein lässt sich sagen, je fremder der Markt, desto höher sind die Vorbehalte.[47] Betrachtet man das Verhalten von Unternehmen innerhalb der Europäischen Union beispielsweise im Vergleich zu Asien oder Lateinamerika wird dies deutlich. Innerhalb der Europäischen Unionen bestehen weitestgehend einheitliche, gesetzliche Normen, die durch die EU vorgegeben werden und auch ein vergleichbares

---

[45] Vgl. Martens, Andrea (2006), S. 90.
[46] Vgl. Majunke Consulting / Corperate Finance (2011), S. 69.
[47] Vgl. Scholz, Joachim (2000), S. 110.

Wertesystem. Was der EU jedoch fehlt, ist eine einheitliche Wirtschaftspolitik. So sehen mittelständische Unternehmen große Hemmnisse in der uneinheitlichen Steuergesetzgebung. 48 % der Unternehmen nennen in einer KPMG-Mittelstandstudie die Einhaltung der Steuergesetzgebung als Haupthemmnis.[48] Mittelständische Unternehmen, die bislang nur im Heimatland aktiv sind, aber ein Expansion ins europäische Ausland planen, nannten sogar zu 63 % die steuerlichen Anforderungen als Hindernis einer Expansion. Weitere 39 % der Befragten sehen ihre Expansion durch fehlende EU-Instrumente zur Wirtschaftsförderung behindert. Ein weiterer negativer Punkt ist die ungewisse politische Entwicklung in den Ländern. Hier kann in der aktuellen Staatsschuldenkrise auch die vermeintlich politisch und wirtschaftlich stabile Europäische Union ungeahnte Risiken offenlegen. So klagen beispielsweise mittelständische Unternehmen, die nach Griechenland expandiert haben über eine extreme Kreditklemme. Aufgrund der akuten Staatsschuldenkrise sind Banken fast grundsätzlich nicht mehr bereit Unternehmungen in Griechenland zu finanzieren.[49] Zusätzlich sehen sich die Unternehmen durch Steuererhöhungen, die zur Sanierung der maroden Staatshaushalte dienen sollen, doppelbelastet. Aber auch Mittelständler mit Unternehmungen in Spanien, Portugal oder Italien dürften inzwischen vor ähnlichen Problemen stehen und für Unternehmen, die in Zukunft ein Vorhaben in diesen Ländern realisieren wollen, ein mahnendes Beispiel sein.

Außerhalb der EU gestalten sich die Hemmnisse zur Expansion erwartungsgemäß anders. Hier sehen über die Hälfte der befragten Unternehmen das Haupthemmnis bei nichttarifären Handelshemmnissen, also Handelshemmnisse, die nicht durch Zölle hervorgerufen werden, wie z.B. die Bevorzugung inländischer Anbieter. Weitere entscheidende Hürden sind Informationsdefizite (39 %), steuerliche Anforderungen sowie der unzureichende Schutz geistigen Eigentums.[50]

4.3.   Verlust der Handlungsfähigkeit

Ein weiterer Punkt ist der Verlust der idealen Größe.[51] Eine Unternehmensgröße von 250 Mitarbeitern bis 500 Mitarbeitern, ist für die mittelständischen Unternehmer ein gerade noch überschaubarer Umfang. Der, bzw. die Unternehmer sind somit in der Lage

---

[48] Vgl. KPMG-Studie (2007), S. 17.
[49] Vgl. DIHK (2011), URL
[50] Vgl. KPMG-Studie (2007), S. 18.
[51] Vgl. Ergenzinger, Rudoluf / Krulis-Randa, Jan (2006), S. 100.

unmittelbar, ohne Delegierte am Unternehmensgeschehen teilzunehmen und zu reagieren. Durch den Kauf eines Unternehmens in einem neuen geographischen Markt verliert der Unternehmer zwangsläufig diese Handlungsfähigkeit, da er aufgrund der Distanz nicht in der Lage ist zwei Betriebe gleichzeitig zu führen. Somit muss ein professioneller Manager eingestellt werden, an den ein Teil der Befugnisse zur Unternehmensführung delegiert werden muss. Dies bedeutet für das Unternehmen meist konkret, sich in ein Großunternehmen zu wandeln und führt die Gefahr der Entfremdung des Unternehmers vom eigenen Unternehmen mit sich.

Gerade in kleineren Unternehmen ist die Unternehmensleitung üblicherweise noch aktiv in das operative Tagesgeschäft eingebunden und selbst die Kollegen aus unterschiedlichen Abteilungen kennen sich noch persönlich. Das betriebliche Geschehen in mittelständischen Unternehmen ist somit durch eine deutlich größere Bedeutung des persönlichen Engagements gekennzeichnet. Diese angesprochene Eigenschaft des betrieblichen Sozialcharakters (der Unternehmenskultur) mittelständischer Unternehmer spiegelt oftmals die spezifische Art und Weise der personalwirtschaftlichen Funktionserfüllung wider.[52] Hieraus resultiert folglich ein Motivationsfaktor, der im Allgemeinen als „Wir-Gefühl" bezeichnet werden kann, welcher mit steigender Unternehmensgröße zunehmend verloren geht. Das Auseinanderklaffen der Unternehmenskulturen ist eine Hauptursache für das Scheitern vieler Akquisitionen.[53]

Die Handlungsfähigkeit, die Transparenz und die Innovationskraft, also die Vorteile mittelständischer Unternehmen im Vergleich zu Großunternehmen, gehen verloren. Aus diesen Gründen möchten einige Unternehmer keine Expansion mittels Firmenkauf in einen neuen Markt vornehmen, da sie befürchten die Kontrolle über ihr Unternehmen zu verlieren und beschränken sich auf die Möglichkeit des Exports ihrer Produkte (vgl. Abb. 5).

5. Methoden und Vorgehensweisen bei Akquisitionen: Die vier Phasen

Dieses Kapitel befasst sich mit der Planung und Durchführung von Firmenkäufen. Die Besonderheit bei mittelständischen Unternehmen liegt in der Rechtsform. Während Großkonzerne meist börsennotiert sind und folglich Unternehmensanteile in Form von

---

[52] Vgl. Behrends, Thomas (2009), S. 374f.
[53] Vgl. Hinterhuber, Hans (2004), S. 235.

Aktien gehandelt werden, können mittelständische Unternehmen nicht einfach über eine Börse Anteile kaufen oder verkaufen. Es werden in diesem Kapitel verschiedene Vorgehensweisen vorgestellt und verglichen. Hierbei steht das Instrument der Due Diligence im Vordergrund. Da es, mit Ausnahme börsen- und wertpapierhandels-rechtlichen Vorschriften, keine festen Regeln für Unternehmenstransaktionen gibt, kann ein Unternehmenskauf sowohl hinsichtlich seiner Ausgestaltung und Durchführung unterschiedlich ablaufen.[54]

In der Literatur wird häufig das Phasenmodell der Unternehmensakquisition als linearer Vorgang beschrieben. Der Akquisitionsprozess gliedert sich in vier Phasen (vgl. Abb. 7), die in einzelne zeitlich aufeinanderfolgende Phasen eingeteilt werden. Kritik an dieser Modellierung wird insbesondere dahingehend geäußert, dass der Prozess die Interdependenzen zwischen den einzelnen Schritten ungenügend berücksichtigt und dass das tatsächliche Verhalten der beteiligten Entscheidungsträger unter der Annahme begrenzter Rationalität nicht richtig abgebildet wird.[55]

Abb. 7: Das Vierphasenmodell

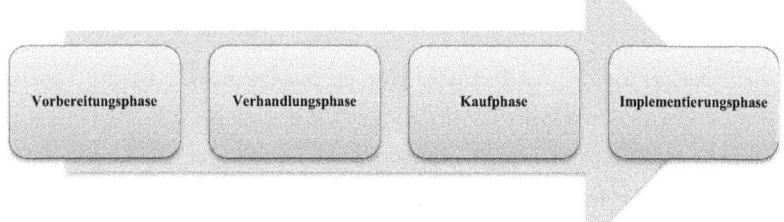

Quelle: Eigene Erstellung

5.1.   Vorbereitungsphase

Wie bei jeder Kaufentscheidung bedarf es vor allem beim Unternehmenskauf einer ausführlichen und sorgfältigen Vorbereitung. Auch hier zeigen sich wieder die Besonderheiten mittelständischer Unternehmen im Vergleich zu Großunternehmen. Während Großunternehmen gegebenenfalls auf eine eigene M&A-Abteilung zurück-

---

[54] Vgl. Picot, Gehard / Classen, Dirk, (2008), S. 205.
[55] Vgl. Berens Wolfgang / Mertes, Martin / Strauch, Joachim (2005), S. 51f.

greifen können, sind die Ressourcen mittelständischer Unternehmer begrenzt. Es stellt sich daher die Frage ob es sinnvoll ist, mangels eigener Expertise, beispielsweise eine externe Unternehmensberatung mit einzubeziehen. Bei der Initiative und Abwicklung von Unternehmensakquisitionen oder Beteiligungen gibt es eine Reihe von Dienstleistungsunternehmen, die ihre Kenntnisse und Erfahrungen anbieten, wie:

➢ Kreditinstitute

➢ Makler

➢ Unternehmensberater

➢ Wirtschaftsprüfer

➢ Steuerberater

➢ Rechtsanwälte

➢ Beteiligungsgesellschaften

➢ IHK

Hinsichtlich ihrer Bedeutung gehen die Ansichten der Beteiligten häufig auseinander. Die große Mehrzahl der Transaktionen (ca. 90 %) erfolgt durch die Vermittlung bzw. Begleitung von Rechtsanwälten und Steuerberatern.[56] Es ist seitens der mittelständischen Unternehmen wichtig zu entscheiden, ob sie die Transaktion nur teilweise durch externe Kräfte begleiten lassen wollen oder eine Unternehmensberatung mit der kompletten Durchführung beauftragen. Gerade hinsichtlich rechtlicher Aspekte und der meist fehlenden Rechtsabteilung in den kleinen und mittleren Unternehmen ist die Einschaltung einer Anwaltskanzlei unumgänglich. Für den Unternehmer stellt sich aber vor dem Hintergrund der Transaktionskosten die Frage, ob er die Suche und Analyse des zur Akquisition stehenden Unternehmens selbst durchführt.

5.1.1. Die Analyse der eigenen Situation

Zu Beginn steht, wie bei jeder unternehmerischen Entscheidung von strategischer Bedeutung, die Analyse der eigenen Situation. Ganz gleich, ob es sich um Kooperationen, Anteilserwerb oder Akquisitionen handelt, das Vorgehen sollte in den Kontext des unternehmensstrategischen Entscheidungsprozesses eingebunden sein.[57]

---

[56] Vgl. Grösche, Axel, (1991), S.27.
[57] Vgl. Grösche, Axel, (1991), S.35.

Die Situationsanalyse erfolgt aus einer externen und einer internen Perspektive. Eine externe Analyse umfasst nicht nur eine Umweltanalyse, sondern auch eine Branchen- und Marktanalyse, sowie eine Wettbewerbsanalyse. Bei der internen Analyse ist der Fokus auf die eigenen Kompetenzen und Ressourcen gerichtet und erfolgt üblicherweise im Anschluss an die externe Analyse.[58] Während auf Basis der Wettbewerbsanalyse und der internen Analyse ein Stärken-/Schwächen-Profil entsteht, entsteht aus der Umfeldanalyse, sowie der Branchen- und Marktanalyse eine Chancen-/Risiken-Analyse.[59] Im Anschluss wird mit Hilfe von vorher definierten Unternehmenszielen und aus der Gegenüberstellung von Stärken und Schwächen, sowie Chancen und Risiken ein Strategic Fit ermittelt, mit dem Ziel eine Strategie zur Implementierung zu formulieren.

Der eigentliche strategische Planungsprozess beginnt mit der Analyse und Prognose der Umweltbedingungen, d.h. der externen Möglichkeiten und Gefahren für die Unternehmung.[60] So beginnt diese meist mit einer Umfeldanalyse des eigenen Unternehmens. Ziel ist es nicht nur, die Rahmenbedingungen unter welchen das Unternehmen agiert, zu identifizieren sondern ebenfalls die zukünftige Entwicklung zu prognostizieren. Bei der Umfeldanalyse werden hauptsächlich die Rahmenbedingungen fokussiert, auf die das Unternehmen keinen Einfluss hat. Es werden primär die politischen, gesellschaftlichen, wirtschaftlichen und technologischen Entwicklungen untersucht.[61] Welches Maß an Informationen für die Umfeldanalyse im Einzelfall notwendig ist, lässt sich nur unter Berücksichtigung aller sachlichen und persönlichen Umstände des konkreten Falls entscheiden.[62] In einem zweiten Schritt wird das wirtschaftliche Umfeld des Unternehmens, also die Branche bzw. der Wirtschaftssektor, betrachtet (Branchen- und Marktanalyse). Die Branchen- und Marktanalyse fokussiert, im Gegensatz zur Umfeldanalyse, eher die aufgabenspezifische Unternehmensumwelt. Die Analyse bezieht sich hierbei auf Faktoren des engeren ökonomischen Umfeldes, die sich für jedes Unternehmen unterschiedlich ergeben.[63] Der Fokus liegt insbesondere auf den Rahmenbedingungen, auf die das Unternehmen direkt oder auch indirekt Einfluss nimmt. So werden hier vor allem Faktor- und Absatzmärkte betrachtet. Ziel der Branchen- und Marktanalyse ist es, ein genaueres Verständnis von Markt, Branche und Wettbewerb zu erlangen.[64] Zuletzt erfolgt die Analyse der Wettbewerber, bei der zunächst die Menge

---

[58] Vgl. Wirtz, Bernd (2003), S. 132.
[59] Vgl. Wirtz, Bernd (2003), S. 132.
[60] Vgl. Hinterhuber, Hans (2004), S. 114.
[61] Vgl. Furtner, Sabine (2006), S. 71.
[62] Vgl. Hinterhuber, Hans (2004), S. 115
[63] Vgl. Wirtz, Bernd (2003), S. 134.
[64] Vgl. Grant, Robert (2002), S. 86.

aller relevanten Konkurrenten bestimmt wird. Im Anschluss werden die benötigten Informationen systematisch gesammelt und ausgewertet, um die Position des eigenen Unternehmens im Markt zu bestimmen und zu analysieren.[65]

Aufbauend auf der externen Analyse, erfolgt die interne Analyse.[66] Hier sollen vor allem die eigenen Kompetenzen und Ressourcen berücksichtigt werden. Es werden vor allem die Kern- und Komplementärfähigkeiten, sowie Peripheriefähigkeiten betrachtet. Die Unternehmensanalyse wird anschließend zu einer Stärken-/Schwächen-Analyse zusammengeführt, bei der ein Abgleich der Kern- und Komplementärfähigkeiten mit den Wettbewerbern erfolgt und die Vor- und Nachteile gegenüber den jeweils besten Wettbewerbern identifiziert werden.

Gerade für mittelständische Unternehmen ist hier wichtig zu erkennen, wo die Grenzen von Kompetenz und Ressourcen erreicht sind und wo auf externe Berater zurückgriffen werden muss.

5.1.2. Die Suche

Am Anfang jeder Kaufentscheidung steht die Suche nach einer geeigneten Firma. Dem Unternehmer muss klar sein, welche Ziele er mit der Transaktion erreichen will. Häufig ergeben sich bereits durch schon bestehende Geschäftsbeziehungen mögliche Kandidaten.[67] Meist können aber auch Unternehmensberatungen und Wirtschafts-prüfungsgesellschaften aufgrund ihrer umfassenden Marktkenntnis hilfreich bei der Suche nach einem geeigneten Objekt sein. Aber auch das Unternehmen selbst kann durch eigene Recherchen geeignete Kandidaten ausmachen. Mögliche Recherchewege können das Internet oder klassische Messen sein. Hier stellen die meisten Firmen Informationen über ihr Umfeld öffentlich dar. Eine weitere Informationsquelle ist, je nach Rechtsform der Kandidaten und der damit verbundenen Publizitätspflicht, der elektronische Bundesanzeiger. Hier müssen nach § 325 HGB alle Kapitalgesellschaften und Personenhandelsgesellschaften, beispielsweise GmbH, AG oder OHG, ihren Jahresabschluss offenlegen. Der Sinn dieser Regelung liegt darin, Geschäftspartner oder Anteilseigner über die wirtschaftliche Lage des Unternehmens zu informieren. Da diese Daten öffentlich zugänglich sind, ist dies eine gute Möglichkeit für die Unternehmen vorab die wirtschaftliche Lage der Akquisitionskandidaten einzusehen.

[65] Vgl. Furtner, Sabine (2006), S.71.
[66] Vgl. Wirtz, Bernd (2003), S. 132.
[67] Vgl. Keitz, Isabel (2007), S. 44.

Sind geeignete Kandidaten gefunden, muss das Unternehmen oder der Berater, einen Screening-Prozess einleiten.[68] Screening bedeutet Durchleuchtung. Das Unternehmen muss die gewonnen Informationen über seine Kandidaten analysieren und diese mit seinen eigenen Zielvorstellungen abgleichen. Mögliche Ansatzpunkte für das Screening können zum Beispiel die Unternehmensgröße, der Kundenstamm oder der Spezialisierungsgrad des Kandidaten sein. Somit können nicht nur ungeeignete Kandidaten schon früh ausgesondert sondern auch etwaige entstehende Kosten durch weitere Analysen oder Verhandlungen vermieden werden.

5.1.3. Kontaktaufnahme und Vorgespräche

Ist ein geeigneter Kandidat gefunden, muss im zweiten Schritt der Kontakt zum Unternehmen hergestellt werden. Dies geschieht zum einen durch die direkte Ansprache des zur Diskussion stehenden Unternehmens, oder gegebenenfalls durch die direkte Ansprache der Anteilseigner. Zum anderen kann die Käuferseite aber auch indirekt, beispielsweise über einen Rechtsanwalt, Kontakt zum Unternehmen aufnehmen. Im Rahmen der ersten Kontaktaufnahme muss die Verhandlungsbereitschaft des Zielunternehmens eruiert werden. Erfolgsfaktoren für die Erreichung der Verhandlungsphase sind unter anderem, dass das Zielunternehmen hinreichend von der absoluten Diskretion, Ernsthaftigkeit und der Offenheit des Interessenten überzeugt werden kann.[69] Wichtigster Punkt dieser Vorgespräche ist die Preisvorstellung des Verkäufers. Erweist sich die Summe jedoch als utopisch ist es sinnvoll die Verhandlungen bereits hier frühzeitig abzubrechen. Viele mittelständische Unternehmer betrachten ihre Firma als ihr Lebenswerk, dementsprechend subjektiv ist die Preisvorstellung bei einer Veräußerung. Meist scheitern Firmenverkäufe an der utopischen Preisvorstellung der Eigentümer. Bewegt sich die Preisvorstellung im Rahmen der Investitionsbereitschaft des Käufers, können weitere Verhandlungen geführt werden.[70]

---

[68] Vgl. Hinterhuber, Hans (2004), S. 228.
[69] Vgl. Keitz, Isabel (2007), S. 45.
[70] Vgl. Selbach, David (2007), S. 114.

5.2.   Die Verhandlungsphase

5.2.1.   Teambildung, Zeitplan und vorvertragliche Dokumentation

Waren die ersten Vorgespräche mit dem Unternehmen erfolgreich, kann nun die Verhandlungsphase beginnen. Aus rechtlicher Sicht ist zu erwähnen, dass bereits die vorvertragliche Verhandlungsphase ein Schuldverhältnis zwischen beiden Parteien implizieren kann. Zwar verpflichten sich die Parteien beim Eintritt in die Vertragsverhandlungen nicht zu einem Vertragsabschluss, hat jedoch einer der Verhandlungsbeteiligten beim anderen ein besonderes Vertrauen in den Vertragsabschluss geweckt oder diesen sogar als sicher dargestellt, so führt dies bei einem schuldhaften Abbruch der Verhandlungen zu rechtlichen Folgen.[71] Dies wird deutlicher, wenn man sich vor Augen führt welche Auswirkungen Übernahmegerüchte auf den Börsenkurs eines Unternehmens haben können. Meist steigt der Aktienkurs extrem bei Bekanntwerden von Übernahmeverhandlungen an und fällt mindestens ebenso stark bei Bekanntwerden des Abbruches der Verhandlungen. Für mittelständische Unternehmen, die eher selten börsennotiert sind, fällt allerdings ein anderer Aspekt ins Gewicht, weshalb Verhandlungen strikter Diskretion unterliegen sollten. Neben Lieferanten können vor allem Kunden durch die ungewisse Zukunft ihres Partnerunternehmens verunsichert werden und abwandern.

Bevor die Verhandlungen beginnen, muss als erstes ein Verhandlungsteam aufgestellt und befugte Ansprechpartner im Zielunternehmen ausgemacht werden, in der Regel ist das die Geschäftsführung. Das Verhaltungsteam sollte idealerweise während der gesamten Verhandlungsphase nicht ausgetauscht werden, da so Störungen durch die Einführung neuer Teilnehmer und ein damit verbundener Vertrauensverlust vermieden werden können. Es ist zwingend erforderlich, dass neben betriebswirtschaftlicher Expertise das Verhandlungsteam auch über juristischer Expertise verfügt. Idealerweise sollten die Verhandlungen durch einen Rechtsanwalt begleitet werden.

Ein weiterer wichtiger Schritt ist die Festlegung eines Zeitplans für die Verhandlungen. Der Zeitplan soll dabei helfen die Verhandlungen zügig, aber dennoch ordentlich zum Abschluss zu leiten, da wie bereits erwähnt aus langen Verhandlungen für beide Unternehmen und deren Kunden eine gewisse Planungsunsicherheit resultiert. Des Weiteren muss der Zeitplan rechtliche Prüfungsfristen, wie beispielsweise Kartell-

---

[71] Vgl. Niewiarra, Manfred (2000), S.31.

prüfungen beachten.[72] Mittelständischen Unternehmen steht es zwar frei ein sogenanntes Mittelstandskartell zu bilden, um sich gegen Großunternehmen zu behaupten, jedoch nur solange wie sie den Wettbewerb auf dem Markt nicht zu stark beeinträchtigen.[73] Diese Besonderheit des deutschen Kartellrechts (GWB) kennt das europäische Wettbewerbsrecht allerdings nicht. Auf nationaler Ebene müssen Unternehmensakquisitionen oder Beteiligungen mittelständischer Unternehmen, sofern sie keine zu große Beeinträchtigung des Marktes darstellen nicht an die Bundeskartellbehörden gemeldet werden, findet die Aktivität jedoch im europäischen Ausland statt, besteht eine Meldepflicht.[74]

Die Hauptaufgabe eines Rechtsanwaltes oder einer vergleichbaren Person mit juristischer Vorbildung besteht darin, die Verhandlungen in allen Einzelheiten zu dokumentieren. Beide Parteien müssen sich vor Beginn der Verhandlungen entscheiden, ob die schriftliche Fixierung der Verhandlungen rechtliche Bindungswirkung haben soll oder nicht.[75] Es gibt mehrere Möglichkeiten Vertragsverhandlungen rechtlich festzuhalten. Im Folgenden soll jedoch lediglich auf die wichtigste Art eingegangen werden, den Letter of Intent (LoI). Für diesen aus dem angelsächsischen Recht stammenden Begriff gibt es keine allgemein gültige Definition. Das deutsche Wort „Absichtserklärung" ist jedoch in der Literatur weit verbreitet und soll der Definition hier Genüge tun.[76] Der wesentliche Grund für die Unterzeichnung des LoI ist weniger seine rechtliche Bindung, als vielmehr seine verhandlungspsychologische Wirkung. Denn in jedem Fall schreibt der LoI faktisch ein bereits erreichtes Verhandlungsergebnis fest und erklärt darüber hinaus die Absicht, zu einem bestimmten rechtsgeschäftlichen Ergebnis, nämlich den Abschluss eines Kaufvertrags über ein Unternehmen.[77] Der Inhalt des LoI ist in der Regel schon sehr ausgeformt. So finden sich in ihm Regelungen über den Kaufgegenstand, den Kaufpreis sowie etwaige Kaufpreisformeln und Zahlungsmodalitäten. Des Weiteren werden der zeitliche Ablaufplan und Geheimhaltungsverpflichtungen festgelegt. Bei späteren Meinungsverschiedenheiten kann der LoI dazu dienen, Fakten der Verhandlungen wiederzugeben und besitzt somit einen eindeutigen Beweischarakter.[78]

---

[72] Vgl. Niewiarra, Manfred (2000), S. 31f.
[73] Vgl. Knapp, Thomas (2005), S. 69.
[74] Vgl. Bundeskartellamt (2003), S. 3.
[75] Vgl. Niewiarra, Manfred (2000), S. 31.
[76] Vgl. Jahn, Holger (2000), S. 58.
[77] Vgl. Niewiarra, Manfred (2000), S. 35.
[78] Vgl. Niewiarra, Manfred (2000), S. 36.

5.2.2. Due Diligence

Die Due Diligence Prüfung (DDP) ist das Herzstück des Akquisitionsprozesses. Ähnlich wie beim Gebrauchtwagenkauf liegt auch beim Unternehmenskauf eine Informationsasymmetrie zwischen beiden Vertragsparteien vor. So muss die schlechter informierte Partei, also der Unternehmenskäufer, versuchen die vorliegende Informationsasymmetrie abzubauen. Wichtigstes Mittel hierfür ist die sogenannte DDP.

> Unter einer Due Diligence ist eine detaillierte und umfassende Analyse eines Unternehmens im Vorfeld einer Unternehmensakquisition zu verstehen. Sie hat das Ziel eventuelle unternehmensinhärente Chancen und Risiken frühzeitig zu entdecken. Der aus dem Englischen stammende Begriff Due Diligence kann mit „sorgfältiger Prüfung" übersetzt werden.[79]

Auch bei einer DDP empfiehlt es sich für mittelständische Unternehmen einen externen Experten einzuschalten. Dies könnte beispielsweise ein Wirtschaftsprüfer oder eine Unternehmensberatung sein. Betrachtet man den Inhalt einer DDP wird deutlich, warum es sich für Unternehmen empfiehlt externe Beratung in Anspruch zu nehmen. Im Einzelnen wird bei der DDP eine umfangreiche Unternehmensanalyse durchgeführt. So sollen mögliche Informationen über das Zielunternehmen offengelegt werden um Chancen und Risiken identifizieren zu können.[80] Letztendlich spielt die DDP auch bei der Kaufpreisfindung eine nicht unerhebliche Rolle. Entsprechend wird berichtet, dass das ursprüngliche Kaufpreisangebot während der DDP fast regelmäßig reduziert wird. Diese Aussage ist auch empirisch überprüfbar. Bei 67,4 % aller Akquisitionen durch deutsche Unternehmen verringerte sich der Kaufpreis aufgrund der DDP.[81] Dies lässt den Schluss zu, dass die DDP ein geeignetes Mittel ist, um die bestehende Informationsasymmetrie abzubauen und entscheidend zur Kaufpreisfindung beiträgt.

Die DDP soll alle verborgenen Risiken und Belastungen aufdecken, die verhindern können, dass der Erwerber seine Ziele erreicht und sich die mit dem Erwerb verbunden Kosten erhöhen.[82] Je nach Art und Größe der Transaktion unterscheidet man in der Literatur:

> ➤ Finanz Due Diligence (Financial Due Diligence)

> ➤ Steuer Due Diligence (Tax Due Diligence)

> ➤ Markt- und strategische Due Diligence (Commercial Due Diligence)

---

[79] Jungblut, Eric (2003), S. 9.
[80] Vgl. Jungblut, Eric (2003), S. 9.
[81] Vgl. Berens, Wolfgang / Schmitting, Walter / Strauch, Joachim (2005), S. 77.
[82] Vgl. Jungblut, Eric (2003), S. 10.

> ➢ Rechtliche Due Diligence (Legal Due Diligence)

> ➢ Technische Due Diligence (Technical Due Diligence)

> ➢ Umwelt Due Diligence (Environmental Due Diligence)

> ➢ Kultur Due Diligence (Cultural Due Diligence)

Hauptpunkt der Financial Due Diligence ist die Auswertung der Jahresabschlüsse des Zielunternehmens. Meist werden hierfür die Jahresabschlüsse der letzten drei bis fünf Jahre analysiert.[83] Mit der Steuer Due Diligence wird ein Einblick in die steuerliche Situation des Zielunternehmens geschaffen. Etwaige Steuerrisiken werden identifiziert und quantifiziert, die sich aus der nach §75 Abgabenordnung (Haftung des Betriebsübernehmers) ergeben würden.[84] Die Markt- und strategische Due Diligence setzt sich mit dem Unternehmen in seinem Markt auseinander. Hier stehen die Beschreibung des Marktes und seiner Entwicklung, sowie das Verhältnis des Unternehmens zu Kunden, Lieferanten und Wettbewerbern im Zentrum der Analyse.[85] Bei der rechtlichen Due Diligence wird eine Analyse der rechtlichen Grundlagen durchgeführt. Neben der Prüfung von Gesellschaftsverträgen, Satzungen und ggf. Gewinnabführungsverträgen, werden vor allem Tarifverträge, Pensionsvereinbarungen und andere arbeitsrechtlich relevante Regelungen durchleuchtet, um Rechtsansprüche Dritter frühzeitig zu erkennen.[86] Mit Hilfe der technischen Due Diligence wird beispielsweise der Zustand von Betriebsstätten oder Gebäuden überprüft, um mögliche Instandhaltungskosten aufzuzeigen.[87] Eine Umwelt Due Diligence befasst sich mit der Frage, welche umweltrelevanten Haftungs- und Kostenrisiken sich ergeben können. Hierbei dreht es sich neben den akuten Gefahren durch die Lagerung aktueller (Gefahren-) Stoffe auch um Altlasten, wie beispielsweise verseuchte Flächen.[88] Durch die Cultural Due Diligence soll die Unternehmenskultur und deren Kompatibilität mit der des Käufers untersucht werden.[89]

Eine DDP ist also der jeweiligen Situation anzupassen. So ist beispielweise die Umwelt Due Diligence ein wichtiger Bestandteil beim Kauf eines Chemieunternehmens,

---

[83] Vgl. Niewiarra, Manfred (2000), S. 47.
[84] Vgl. Jungblut, Eric (2003), S. 78.
[85] Vgl. Jungblut, Eric (2003), S. 94.
[86] Vgl. Niewiarra, Manfred (2000), S. 46.
[87] Vgl. Berens, Wolfgang / Hoffjan, Andreas / Strauch, Joachim (2005), S. 160.
[88] Vgl. Jungblut, Eric (2003), S. 107.
[89] Vgl. Holzapfel/Pöllath (2005), S. 18.

während sie beim Kauf eines Dienstleistungsunternehmens eher zu vernachlässigen ist.[90]

Nach Abschluss der DDP wird ein Due Diligence Report erstellt, der die Besonderheiten der DDP darstellt und gleichzeitig die Grundlage für die Unternehmensbewertung bildet.[91]

5.2.3. Kaufpreisfindung

Die Ermittlung des Kaufpreises ist ein weiterer wichtiger Schritt des Akquisitionsprozesses. Wichtig hierbei ist, einen fairen Kaufpreis zu ermitteln. Wie bereits erwähnt sind divergierende Preisvorstellungen einer der Hauptgründe warum Unternehmensakquisitionen vor Vertragsabschluss scheitern.

> "Finding a business exactly the same as the enterprise to value is impossibility. The standard sought one of reasonable and justifiable similarity."[92]

Das Zitat von Frank Burke deutet an, dass die Ableitung des Kaufpreises eines Unternehmens am Kaufpreis anderer Unternehmen nicht problemlos möglich. Auch die Suche nach vergleichbaren Unternehmen kann jedoch bestenfalls als Orientierung genutzt werden.

Zur Kaufpreisfindung seitens der Käuferseite trägt der Due Diligence Report zwar maßgeblich, aber nicht alleine bei. Eines der wohl wichtigsten Bewertungsverfahren ist die Discounted Cash Flow-Methode, bei der die künftigen Einzahlungsüberschüsse auf den Transaktionszeitpunkt abgezinst werden.[93] Als Diskontierungszinssatz wird ein Zinssatz benötigt, der das Risiko des Unternehmens möglichst genau widerspiegelt. Dieser Zinssatz besteht aus zwei Elementen, dem risikofreien Zinssatz (z.B. Bundesanleihe) und einer Risikoprämie.[94] Zur Bemessung der Risikoprämie kann eine Einteilung in Risikokategorien vorgenommen werden (vgl. Abb. 8)

---

[90] Vgl. Görtz, Birthe (2006), S. 522.
[91] Vgl. Niewiarra, Manfred (2000), S 49.
[92] Burke, Frank (1981), S. 49.
[93] Vgl. Müller, Herbert (2006), S. 1194f.
[94] Vgl. Behringer, Stefan (2004), S. 170.

Abb. 8: Risikokategorien bei der Bewertung kleiner und mittlerer Unternehmen

Kategorie	Kennzeichen des Unternehmens	Risikozuschlag
1	Etabliertes Geschäft, gute Marktposition, gutes Management, stabile Erträge in der Vergangenheit, vorhersehbare Zukunft	6 – 10 %
2	Wie 1, jedoch wettbewerbsintensive Branche	11 – 15 %
3	Sehr wettbewerbsintensive Branche, wenig Eigenkapital, wenig erfahrenes Management, aber gute Erfolge in der Vergangenheit	16 – 20 %
4	Kleine Unternehmen, die von Kenntnissen von ein oder zwei Personen abhängen oder größere Unternehmen mit stark zyklischer Branche	21 – 25 %
5	Kleines, personenbezogenes Dienstleistungsunternehmen mit einem einzelnen Eigentümer-Unternehmer	26 – 30 %

Quelle: Eigene Erstellung, übersetzt nach Tuller, Lawrence (2008), S.45.

Die Kunst der Unternehmensbewertung liegt nicht im technisch richtigen Anwenden der Bewertungsmethode, sondern im Voraussehen der Zukunftsereignisse, bereits ein Planungshorizont über drei Jahre stellt eine äußerst anspruchsvolle Zielsetzung dar.[95]

Bei der Ermittlung des objektiven Wertes für mittelständische Unternehmen sind jedoch einige Probleme zu beachten. So befinden sich oft wesentliche Teile des Anlage-vermögens (z.B. Grundstücke) im Privatvermögen der Unternehmer. Diese müssen entweder in das Betriebsvermögen überführt werden oder durch Zahlungen ausgelöst werden.[96]

Unter der zu Hilfenahme des Due Diligence Report, der Discounted Cash Flow-Methode und der Berücksichtigung der Besonderheiten mittelständischer Unternehmen lässt sich ein Unternehmenswert entwickeln, der die Grundlage des Kaufpreisangebotes liefert. Wird ein Preis gefunden, der von beiden Seiten akzeptiert wird, kann zur nächsten Phase des Akquisitionsmodells übergegangen werden.

---

[95] Vgl. Knüsel, Daniel (1994), S. 91.
[96] Vgl. Behringer, Stefan (2004), S. 165.

5.3.   Die Kaufphase

Eine Unternehmensakquisition kann auf unterschiedliche Weisen erfolgen. Die zwei Grundtypen sind der Share Deal und der Asset Deal. Hier kommt es auf die Rechtsform des Zielunternehmens an.[97] Bei Kapital- und Personengesellschaften ist das Vermögen eindeutig vom Privatvermögen der Gesellschafter getrennt. Folglich kann die Veräußerung beispielsweise über den Verkauf von GmbH-Anteilen oder Aktien erfolgen (Share Deal). Im deutschen Mittelstand sind nur lediglich 0,4 % aller Unternehmen Aktiengesellschaften, sodass die Übernahme durch den Kauf von Aktien in fast allen Fällen ausscheidet. Jedoch sind 26,5 % der Unternehmen Gesellschaften mit beschränkter Haftung.[98] Hier ist prinzipiell ein Share Deal möglich. Allerdings ist der Handel bzw. der Erwerb von GmbH-Anteilen weitaus komplizierter als der Erwerb von Aktien, da diese nicht über die Börse gehandelt werden. GmbH-Anteile müssen bei Übertragung notariell beurkundet werden, so soll ein freier Handel von GmbH-Anteilen, wie er bei Aktien vorliegt, vermieden werden.[99] Weiter ist zu klären, wie viele Aktien bzw. GmbH-Anteile gekauft werden müssen, um von Kauf des Unternehmens zu sprechen. Die Frage ist in der Rechtsprechung dahingehend entschieden worden, dass die Gewährleistungsregelung des BGB dann anzuwenden ist, wenn der Käufer durch den Erwerb eine beherrschende Stellung erlangt und die verbleibende Beteiligung des Veräußerers an dem Rechtsträger des Unternehmens so gering ist, dass sie die Verfügungsbefugnis des Erwerbers über das erworbene Unternehmen nicht entsprechend beeinflusst.[100] Rechtlich gesehen ist der Share Deal, aufgrund der Rechteübertragung, ein Rechtskauf (§ 433 Satz 2 BGB). Darüber hinaus liegt nur ein Sachkauf vor, wenn das Mitgliedschaftsrecht durch die Beteiligung wie im Fall der Aktie beinhaltet ist. Die Bilanzierung des Kapitalanteilerwerbs darf in die Bilanz aufgenommen werden (§ 271 HGB). Dabei wird ein über den Anschaffungskosten liegender Kaufpreis zum Wert der Beteiligung addiert und darf aktiviert und somit abgeschrieben werden.[101] Der Übertagung der Leitungsrechte des Zielunternehmens an den Akquisiteur muss, zumindest formal, die Gesellschafterversammlung zustimmen.

Mit über 60 % der mittelständischen Unternehmen in Deutschland sind der Großteil jedoch keine Personengesellschaften sondern Einzelunternehmen. Wie bereits erwähnt,

---

[97] Vgl. Holzapfel/Pöllath (2005), S. 109.
[98] Vgl. Mint-Studie (2004), S. 15.
[99] Vgl. Heindl, Ursula (1987), S. 33.
[100] Vgl. Niewiarra, Manfred (2000), S. 53.
[101] Vgl. Jansen, Stefan (2001), S. 152.

ist es bei Einzelunternehmen aufgrund der Rechtsform nicht möglich Anteile zu veräußern. Ein Unternehmenskauf bzw. Unternehmensverkauf findet hier über die Übertragung der Gesamtheit der Aktiva und Passiva des Unternehmens statt.[102] Dieser Vorgang wird als Asset Deal bezeichnet. Rechtlich gesehen ist dieser Kauf, aufgrund der Einzelübertragung, ein Sachkauf, (§ 433 Satz 1 BGB). Für den Fall, dass der Kaufpreis die Differenz der Zeitwerte von Aktiva und Verbindlichkeiten übersteigt, kann dieser entstehende Mehrwert als Goodwill ausgewiesen werden und muss entsprechend abgeschrieben werden.[103]

Eine weitere Möglichkeit stellt der Beteiligungskauf dar. Dieser folgt grundsätzlich, was Vorbereitung und Durchführung betrifft, dem gleichen Verfahren wie beim Unternehmenskauf. Bei einem Beteiligungserwerb sind im Wesentlichen zwei Fälle zu unterscheiden, zum einen das 50:50 Joint Venture, zum anderen ein mehrheitlicher Beteiligungserwerb.[104] Ein Joint Venture ist jedoch weniger eine Übernahme eines Mitbewerbers sondern vielmehr eine strategische Allianz.[105] Bei der Gestaltung des Kaufvertrages bzw. des Beteiligungsvertrages ist deshalb besonders auf die Frage des Austritts aus dem Joint Venture zu achten.[106] Die mehrheitliche Übernahme hingegen kann als Unternehmenskauf in Schritten erfolgen.[107] Hier kann die Beteiligung schrittweise erhöht werden und das Unternehmen, ab erreichen der Mehrheit, jederzeit in das Stammunternehmen eingegliedert werden oder das Unternehmen kann unter dem ursprünglichen Namen weitergeführt werden.

Letztendlich müssen bei jeder Form des Unternehmenskaufs bei der Ausgestaltung des Kaufvertrages noch die rechtlichen Formvorschriften und Genehmigungen beachtet werden. Vor allem ist die Rechtsform des Unternehmens zu beachten. So sind beispielsweise GmbH-Anteile grundsätzlich frei veräußerlich, die Abtrennung ist jedoch von der Zustimmung der Gesellschafter abhängig (§ 15 Abs. 1 GmbHG). Einzelne Gesellschafter können gegen die Abtrennung stimmen. Jedoch unterliegen diese Gesellschafter ihrer Treuepflicht, die verhindert, dass Beschlüsse ohne sachlichen Grund abgelehnt werden.[108] Beim Verkauf von Einzelunternehmen treten aus strukturellen Gründen solche Genehmigungsverfahren nicht auf.

---

[102] Vgl. Holzapfel/Pöllath (2005), S. 109f.
[103] Vgl. Jansen, Stefan (2001), S. 152.
[104] Vgl. Niewiarra, Manfred (2000), S 86f.
[105] Vgl. Balz, Ulrich / Arlinghaus, Olaf, (2007), S. 399.
[106] Vgl. Niewiarra, Manfred (2000), S 87.
[107] Vgl. Geuting, Markus (2007), S. 213.
[108] Vgl. Niewiarra, Manfred (2000), S. 104

Ebenfalls zu beachten ist, dass je nach Art des Unternehmenskaufs unterschiedliche Steuerarten greifen. Dabei wird je nach Rechtsform des Unternehmens und der Art des Unternehmenskaufs (z.b. Share Deal oder Asset Deal) unterschieden. Auch ein Konflikt zwischen Käufer und Verkäufer kann aus der unterschiedlichen Besteuerung resultieren, da für beide Parteien der jeweilige Kaufvertrag divergierende Steuersätze mit sich zieht.

5.4. Die Implementierungsphase

Die letzte Phase des Akquisitionsmodells beschäftigt sich mit dem Zusammenwachsen beider Unternehmen oder die Eingliederung in die Unternehmenskultur. In der Literatur wird diese Phase als Post-Merger-Integration (PMI) bezeichnet. Diese Phase stellt zugleich die schwierigste Phase im Akquisitionsprozess dar. Vor allem mittelständische Unternehmen stoßen hierbei an ihre Grenzen, da sie im Gegensatz zu Großunternehmen bei der Integration fremder Unternehmen über wenig Expertise verfügen.

Worauf müssen mittelständische Unternehmen bei der PMI besonders achten?

➢ Die Grundsatzentscheidung hinsichtlich der Integrationsstrategie muss bereits bei der Ausarbeitung der Akquisitionsstrategie berücksichtigt werden, da strategische Fehler im PMI-Prozess kaum korrigiert werden können.

➢ Die Ziele des Akquisitionsvorhabens müssen klar an alle Beteiligten kommuniziert werden (insbesondere an externe Berater).

➢ Maßnahmen mit großer Hebelwirkung müssen schnell umgesetzt werden.

➢ Schnellstmögliche Implementierung einer Informationsbasis bzw. eines Regelwerks, das alle Beteiligten verstehen und welches vom Akquisiteur nicht falsch interpretiert werden kann.

➢ Berücksichtigung weicher Faktoren, wie Ängste und Unsicherheit der Mitarbeiter.

➢ Reduktion von Ungewissheit durch Kommunikation beispielsweise bezüglich Restrukturierungsmaßnahmen.

➢ Aktives Risikomanagement durch frühzeitiges Gegensteuern.[109]

Für die Integration gibt es je nach Ausgangsvoraussetzung vier verschiedene Strategiemodelle. Zum einen kann das erworbene Unternehmen unabhängig als einzelne Einheit

---

[109] Vgl. Furtner, Sabine (2006), S.92f.

wie bisher bestehen. Das ist besonders dann angebracht, wenn sich beide Unternehmen bezüglich der Geschäftsausrichtung und Organisationstruktur, den Produkten und Marktsegmenten unterscheiden.[110] In der Literatur wird dies als Stand-Alone-Position beschrieben. Hier soll beim akquirierten Unternehmen größtmögliche Unabhängigkeit erhalten bleiben. Unternehmen dieser Art werden in einer unabhängigen Rechtsform meist in einer Holding geführt. Der Stand-Alone-Ansatz verkörpert folglich jene Integrationsform mit dem niedrigsten Integrationsgrad. Aus der Eigenständigkeit des akquirierten Unternehmens resultiert ein hohes Maß an Kontinuität und somit ein überschaubares Akquisitionsrisiko.[111]

Die zweite Vorgehensweise ist die Übernahme von Teilen, die für das Management als sinnvoll erachtet werden, in die Muttergesellschaft und deren Anpassung. Eine solche partielle Integration kann dann sinnvoll sein, wenn beide Unternehmen partielle Gemeinsamkeiten aufweisen und die Aktivitäten auf diesen Gebieten vereint werden sollen.[112] Grundsätzlich bleibt bei dieser Integrationsform die Organisationsform des erworbenen Unternehmens erhalten und wird weiterhin als eigene Rechtspersönlichkeit geführt. In der Realität ist dies die am häufigsten gewählte Integrationsform. Die Ziele für die partielle Eingliederung liegen mehrheitlich in der Nutzung von Synergieeffekten, um einerseits die Rentabilität der Investition zu erhöhen und um andererseits Kostendegressionseffekte durch beispielsweise höhere Auslastungsgrade zu erzielen.[113]

Als dritte Integrationsmöglichkeit wird die vollständige Integration des akquirierten Unternehmens vorgestellt. Dies ist zugleich die extremste Form, da hier das Unternehmen vollständig absorbiert wird.[114] Das akquirierte Unternehmen verliert seine Rechtspersönlichkeit und die eigenständige Organisationsstruktur. Ziel der voll-ständigen Integration ist die Hebung von Synergiepotentialen bzw. Kostensynergien durch die Beseitigung von Doppelgleisigkeiten, insbesondere im Personalbereich. Eine vollkommene Übernahme ist schwer zu realisieren und scheitert sehr oft. Bekannte Beispiele wie BMW und Rover lassen den Schluss zu, dass dieser Integrationsansatz für mittelständische Unternehmen nicht zu empfehlen ist, da dieser sich oft über Jahrzehnte hinzieht und einen langen finanziellen Atem voraussetzt.[115]

---

[110] Vgl. Grösche, Axel, (1991), S. 85.
[111] Vgl. Furtner, Sabine (2006), S. 94.
[112] Vgl. Grösche, Axel, (1991), S. 85.
[113] Vgl. Furtner, Sabine (2006), S. 96.
[114] Vgl. Krüger, Wilfried (2006), S. 809.
[115] Vgl. Furtner, Sabine (2006), S. 96f.

Letztlich ist auch die Vorgehensweise vorstellbar, dass beide Unternehmen angesichts der aus der Akquisition resultierenden neuen Verhältnisse gezwungen sind, für jeden oder gemeinsam eine vollständig neue Organisationsstruktur zu entwickeln.[116]

In mittelständischen Unternehmen ist es im Normalfall schwierig Führungskräfte und Fachkräfte für Integrationsaufgaben freizustellen. Die Mitglieder des Integrationsteam müssen neben den normalen Linienfunktionen zusätzlich Integrationsfunktionen bewältigen.[117] Ein zusätzliches Problem stellt die oft fehlende Erfahrung bezüglich PMI dar, es ist daher ratsam auf externe Experten zurückzugreifen, jedoch zumindest den Integrationsprozess sorgfältig und vorausschauend zu planen und sich dabei an betriebswirtschaftlichen Grundsätzen zu orientieren.

6. Eignung der Wachstumsstrategie „Firmenkauf und Beteiligung" für den Mittelstand

In diesem Kapitel soll schließlich die forschungsleitende Fragestellung beantwortet werden. Da die Frage, ob Firmenkäufe und Beteiligungen sich als Wachstumsstrategie für mittelständische Unternehmen eignen, aufgrund der breiten Mittelstandsdefinition sich nicht mit einen einfachen Ja oder Nein beantwortet werden kann, wird auf diese Frage in einzelnen Schritten eingegangen. Im ersten Teil von Kapitel 6 wird auf die Eignung von Beteiligungen als Wachstumsstrategie im Mittelstand eingegangen, im zweiten Teil auf die Eignung von Firmenkäufen. Des Weiteren wird in beiden Teilen nochmals zwischen den größeren Familienunternehmen und den Unternehmen mit unter 500 Mitarbeitern unterschieden.

6.1. Eignung von Beteiligungen als Wachstumsstrategie für den Mittelstand

Wie bereits mehrfach erwähnt, eignet sich zur Erschließung neuer Märkte vor allem ein Joint Venture. Im BDI-Mittelstandspanel aus dem Herbst 2005 befragte das IFM Bonn 789 Unternehmen nach ihren wichtigsten Kooperationsformen (vgl. Abb.9).

---

[116] Vgl. Grösche, Axel, (1991), S. 85.
[117] Vgl. Furtner, Sabine (2006), S. 97.

Abb. 9: Kooperationsformen nach Unternehmensgröße

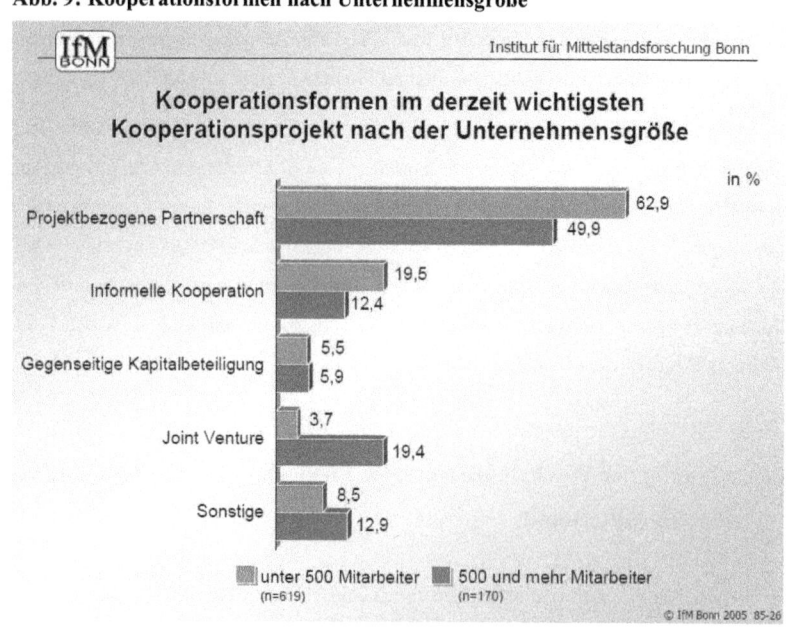

Quelle: IFM Mittelstandspanel (2005), S. 39.

Hier ist deutlich zu erkennen, dass ein Joint Venture mit 19,4 % eher von Familienunternehmen, als von kleineren Unternehmen mit unter 500 Mitarbeiter (3,7 %) getätigt wird. Kleinere Unternehmen bevorzugen stärker die projektbezogene Partnerschaft (62,9 %). Der enorme Aktivitätsunterschied von 16 % bei Joint Ventures lässt sich mit einen Blick auf die Auslandsaktivität der Mittelständler nach Unternehmensgröße erklären. Bei den Familienunternehmen waren rund 63 % im Ausland vertreten, währenddessen nur 7 % der Unternehmen mit unter 500 Mitarbeiter Aktivitäten im Ausland unterhielten.[118] Joint Ventures eignen sich besonders für mittelständische Unternehmen mit wenig Auslandserfahrung, da hier die Verantwortung auf zwei oder mehr Unternehmen verteilt wird und von der Markterfahrung des Partners vor Ort profitiert werden kann.[119] Trotz dieser Vorteile sind Joint Ventures doch mit einem Restrisiko behaftet. So waren laut Aussagen des deutschen Industrie- und Handelskammertages 2005 nur etwa 73 % aller Joint Venture mit Erfolg gekrönt, 27 % waren nicht erfolgreich.[120]

---

[118] Vgl. BDI-Mittelstandspanel (2005), S. 26.
[119] Vgl. Kailer, Norbert / Piswanger (2006), S. 121.
[120] Vgl. Dick / Pernsteiner (2006), S. 23.

Betrachtet man die Bereiche in denen Joint Ventures getätigt werden, ist auffallend, dass in den klassischen Auslandsbereichen wie Produktion (6,9 %) oder Vertrieb (9,3 %) wesentlich häufiger eine Joint Venture-Aktivität auftritt als bei klassischen Inlandsbereichen wie F&E oder Beschaffung, deren Zahlen vernachlässigbar gering sind (vgl. Abb. 9). Auffällig im Bereich F&E ist jedoch, dass hier als einziger Bereich nennenswerte gegenseitige Kapitalbeteiligung stattfinden (4,8 %). Solche gegenseitigen Beteiligungen können Unternehmen Rechtssicherheit bei der Kooperation im Entwicklungsbereich bieten (vgl. dazu Kap. 3.3). Es lässt sich jedoch feststellen, dass in allen Bereichen (Beschaffung, Produktion, Vertrieb und F&E) projektbezogene Partnerschaften und informelle Kooperationen den Hauptanteil an Kooperationsformen darstellen (vgl. Abb. 10).

Abb. 10: Anteil der Kooperationsformen

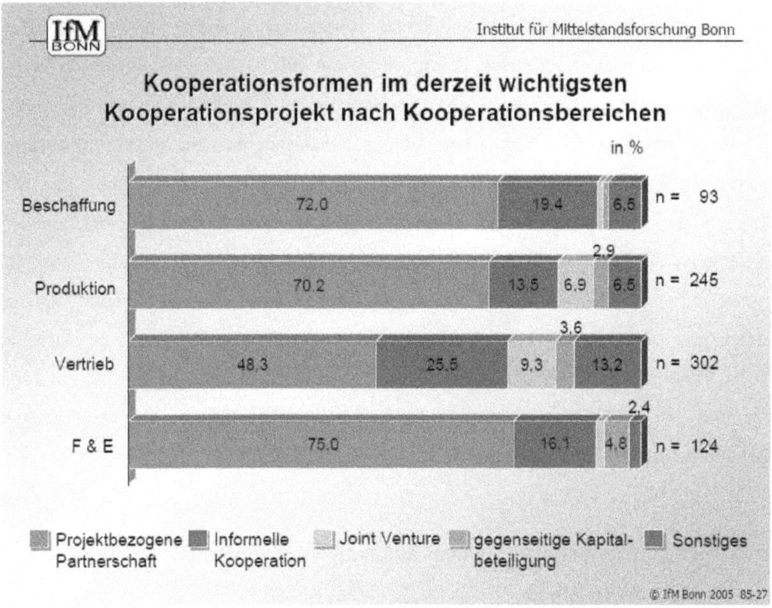

Quelle: IFM Mittelstandspanel (2005), S. 40.

Beteiligungen vor dem Hintergrund der Gewinnung von Synergieeffekten finden sich im mittelständischen Unternehmen eher selten. Lediglich bei Forschung und Entwicklung lässt sich ein kleiner Anteil an gegenseitigen Kapitalbeteiligungen feststellen. Die große Zahl der mittelständischen Unternehmen sucht sich ihre Partner projektbezogen aus oder führt gar informelle Partnerschaften. Der Grund warum Beteiligungen im Mittelstand eher selten vorkommen und wenn auch eher bei größeren Familienunternehmen, dürfte eine einfache und logische Erklärung haben. Mit etwa 60 % stellen die Einzelunternehmer den größten Anteil der Rechtsformen im Mittelstand dar. Der GmbH-Anteil liegt bei ca. 26 % und lediglich 0,4 % stellen die Aktiengesellschaften dar.[121] Technisch ist es schlichtweg nicht möglich Beteiligungen an Einzelunternehmen zu erwerben. Auch der Handel mit GmbH-Anteilen ist deutlich schwieriger und transaktionskostenintensiver als der Handel mit Aktien (vgl. dazu Kap. 5.3).

Zusammenfassend lässt sich sagen, dass Joint Ventures oder andere Beteiligungsformen sich weniger für die normalen mittelständischen Unternehmen mit unter 500 Mitarbeitern eignen. Diese Unternehmen sind besser beraten, beispielsweise bei einer Expansion ins Ausland, sich auf den Export zu verlassen, da dieser mit weniger Risiko behaftet ist und einen größeren Erfolg verspricht (96 % Erfolgsquote).[122] Auch für Kooperationen bieten sich eher flexible strategische Partnerschaften an. Für große Familienunternehmen kann ein Joint Venture jedoch durchaus eine sinnvolle Strategie sein. Joint Ventures stellen eine klassische Eintrittsstrategie in fremde Märkte dar. Der erfolgreiche Markteintritt kann hier, im Gegensatz zur Gründung einer eigenen Tochtergesellschaft, bei fehlender Auslandserfahrung bzw. bei Unkenntnis über die vorliegenden Marktverhältnisse durch das Know-how des Partnerunternehmens unterstützt werden. Auch bei der Bewältigung von kulturellen Hürden bietet sich ein Joint Venture an. Zur Erschließung neuer und kulturell fremder Märkte ist ein Joint Venture bei auslandsunerfahrenen Unternehmen, sinnvoller als der Markteintritt beispielsweise durch Gründung einer Tochtergesellschaft.

6.2. Eignung von Firmenkäufen als Wachstumsstrategie für den Mittelstand

Firmenkäufe können für Unternehmen eine sinnvolle Wachstumsstrategie sein, jedoch ist diese Strategie aufgrund der meist hohen Investitionssumme auch mit einem starken Risiko behaftet. Viele Großunternehmen sehen in Akquisitionen ein Allheilmittel, wie

---

[121] Vgl. Mint-Studie (2004), S. 15.
[122] Vgl. Dick / Pernsteiner (2006), S. 23.

viele Studien belegen entspricht dies jedoch nicht immer der Realität.[123] Ähnliche Gründe gelten auch für mittelständische Unternehmen. Betrachtet man das IfM Mittelstandspanel vom Frühjahr 2009 (vgl. Abb. 11) lässt sich feststellen, dass viele Mittelständler die Finanzkrise genutzt haben, um Unternehmen aufzukaufen. Die Zahl der Zukäufe hat sich im Vergleich zum Herbst 2008 verdoppelt. Zugleich lässt sich allerdings auch feststellen, dass die direkte Wachstumsstrategie „Firmenkauf" eher eine Nebenrolle spielt. Zugleich könnten aber Unternehmensakquisitionen im Bereich der Erschließung neuer Geschäftsfelder eine untergeordnete Rolle, nämlich als Erfüllungsstrategie darstellen.

Abb. 11: Wachstumschancen in der Finanzkrise

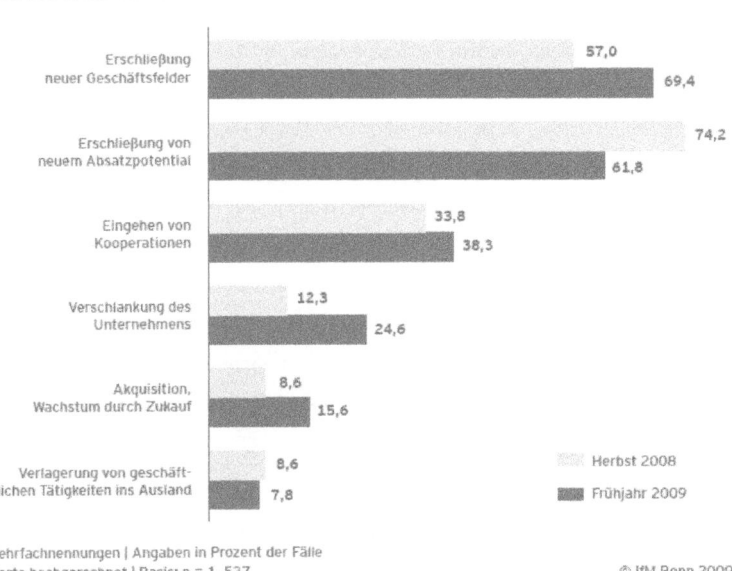

Mehrfachnennungen | Angaben in Prozent der Fälle
Werte hochgerechnet | Basis: n = 1.537   © IfM Bonn 2009

Quelle: IfM Mittelstandspanel (2009), S. 16.

Eine weitere günstige Gelegenheit für den Firmenkauf ergibt sich aus dem Problem der Unternehmensnachfolge im deutschen Mittelstand. Nach Schätzungen des IfM Bonn stehen im Zeitraum 2010 bis 2014 rund 110.000 deutsche Unternehmen vor dem Problem der Unternehmensnachfolge.[124]

---

[123] Vgl. Furtner, Sabine (2006), S. 11.
[124] Vgl. IfM-Studie (2010), S. 21.

Von den rund 3,7 Mio. Unternehmen in Deutschland können rund 3,5 Mio. den Familienunternehmen zugerechnet werden. Davon erwirtschaften etwa 730.000 einen Jahresgewinn von mindestens 49.512€ (Einzelunternehmen und Personengesellschaften) bzw. mindestens 0€ (Kapitalgesellschaften) und gelten damit als übernahmewürdig. In etwa 110.000 dieser Unternehmen steht im betrachteten Fünfjahreszeitraum die Nachfolge an.[125]

Bei Familienunternehmen findet sich in vielen Fällen ein Nachfolger innerhalb der Familien, nicht selten aber bleibt dieser aus. So wurden im Zeitraum 2005 bis 2009 von 70.900 zur Nachfolge stehenden Familienunternehmen nur in 43,8 % der Fälle ein Nachfolger innerhalb der Familie gefunden. In 21,1 % der Fälle wurde eine externe Nachfolge angestrebt (vgl. Abb. 2).[126] Geht man für den Zeitraum von 2010 bis 2014 von einer ähnlich hohen externen Nachfolge (21,1 %) aus, wobei sich diese durch den demographischen Wandel noch erhöhen dürfte, stehen für diesen Zeitraum geschätzt 23.200 Unternehmen für die externe Nachfolge bereit. Diesen Umstand können sich mittelständische Unternehmen zu Nutze machen. Auch Unternehmen die zuvor nie über eine Akquisition nachgedacht haben, könnten beispielsweise durch die Geschäfts-aufgabe ihres Mitbewerbers eine günstige Gelegenheit sehen ihre eigene Marktposition durch eine Akquisition zu stärken. Jedoch ist auch hier Vorsicht geboten. Für die meisten Unternehmer stellt das Unternehmen ihr persönliches Lebenswerk dar, dementsprechend subjektiv können auch die Preisvorstellungen sein.[127] Des Weiteren ist es nicht ratsam ein Unternehmen nur aufgrund einer günstigen Gelegenheit zu kaufen. Auch um einen ungeliebten Wettbewerber loszuwerden ist der Kauf nicht unbedingt das geeignetste Mittel. Schließlich müssen die beiden Unternehmen zu einer Einheit zusammenwachsen.[128]

Betrachte man exemplarisch die in Abbildung 12 aufgeführten Maßnahmen zur Erfüllung der Unternehmensstrategie deutscher Industrieunternehmen lässt sich feststellen, dass die Strategie „Akquisition" auch hier eine eher untergeordnete Rolle spielt. Unterscheidet man nun nochmals große und kleine Unternehmen, zeichnet sich ab, dass für die kleineren Unternehmen Unternehmensakquisitionen eine deutlich geringere Rolle spielen als für größere Unternehmen. Unternehmen mit über 500 Mitarbeitern, also nach Definition des IfM Bonn Familienunternehmen, messen Akquisitionen eine mittlere Bedeutung in der Unternehmensstrategie zu. Kleinere

---

[125] IfM-Studie (2010), S. 20.
[126] Vgl. IfM-Studie (2010), S. 21.
[127] Vgl. DIHK-Report (2010), S. 3.
[128] Vgl. Martens, Andrea (2006), S. 90.

Unternehmen eine geringe Bedeutung. Dies lässt den Schluss zu, dass Familien-unternehmen eher über die Ressourcen verfügen Akquisitionen durchzuführen.

Abb. 12: Maßnahmen der derzeitigen Unternehmensstrategie (Industrieunternehmen)

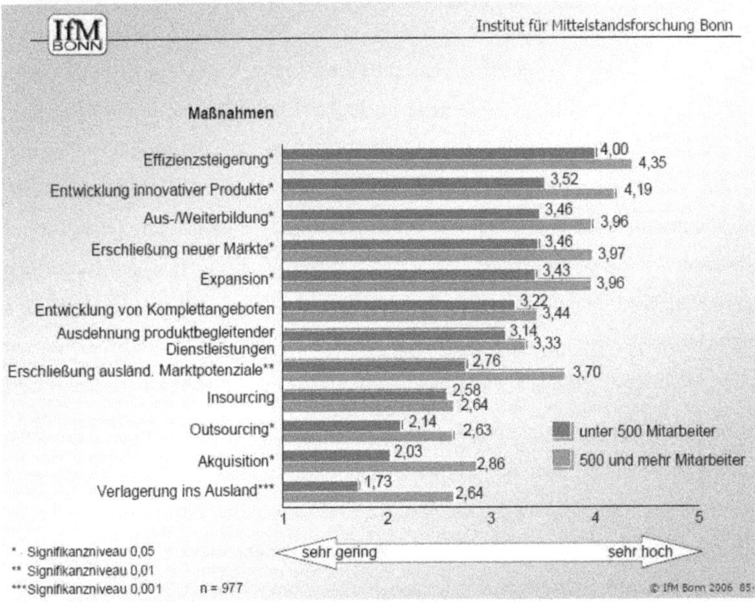

Quelle: BDI-Mittelstandpanel Herbst (2006), S. 11.

Unternehmensakquisitionen sind schließlich eine sehr aufwändige Investition und fordern so nicht nur einen hohen Kapitaleinsatz, sondern auch einen hohen Personal-aufwand. Aber auch die Transaktionskosten, sowie die Kosten für externe Berater und der hohe Personal- und Zeitaufwand, insbesondere bei der DDP, können kleinere Unternehmen an die Grenzen ihrer Möglichkeiten bringen.

7. Fazit

Ziel dieser Arbeit war es zu bewerten, ob Firmenkäufe und Beteiligungen eine ge-eignete Wachstumsstrategie für mittelständische Unternehmen sind. Unternehmens-akquisitionen sind eine komplexe und risikobehaftete Wachstumsstrategie. Viele

Großunternehmen sehen in externem Wachstum ein Allheilmittel um der Globalisierung zu begegnen und ihre Marktposition zu stärken, Know-how einzukaufen oder in neue Märkte zu expandieren. Auch der deutsche Mittelstand beginnt Unternehmenstransaktionen für sich zu entdecken. Dies geschieht aus verschiedenen Motiven. So wollen auch Mittelständler durch Unternehmenstransaktionen ihre eigene Marktposition stärken, neue Märkte erschließen oder Synergieeffekte generieren. Jedoch gibt es neben den positiven Seiten von Beteiligungen und Firmenkäufen auch negative Aspekte, in denen die mittelständischen Unternehmen große Hürden sehen. Ein allgemeines Problem im deutschen Mittelstand ist die oft unzureichende Eigenkapitalunterlegung, die die Unternehmen hindert, finanzintensive Investitionen wie Unternehmensakquisitionen zu realisieren. Auch bei der Expansion ins Ausland, beispielsweise mit Hilfe eines Joint Ventures, sehen viele Unternehmer die kulturellen und rechtlichen Unterschiede als Hemmnisse an. Des Weiteren fürchten einige Unternehmer durch eine Unternehmensakquisition ihre optimale Betriebsgröße und somit den Überblick zu verlieren und sehen letztendlich die Handlungsfähigkeit ihres Unternehmens gefährdet.

Die Durchführung einer Unternehmenstransaktion folgt in Literatur und Realität meist dem gleichen Schema, dem Akquisitionsmodell. Dieses kann bis auf wenige, logische Abweichungen, beispielsweise beim Kaufvertrag, sowohl für Firmenkäufe als auch Beteiligungen angewandt werden. So steht zu Beginn die Suche nach einem geeigneten Zielunternehmen. Ist dieses gefunden, müssen erste Kontakte geknüpft werden. Besteht grundsätzlich eine positive Stimmung bei beiden Parteien bezüglich der Akquisition kann in die Verhandlungsphase eingetreten werden. Hier spielt besonders die Due Diligence Prüfung eine wichtige Rolle. Sie dient einerseits dazu, Risiken im Zielunternehmen frühzeitig zu erkennen und trägt andererseits auch zur Unternehmensbewertung und Kaufpreisfindung bei. Erweist sich das Zielunternehmen als geeigneter Kandidat, wird die Kaufphase eingeleitet. Die wichtigste Frage hier ist die Art des Unternehmenskaufes: Share- oder Asset Deal bzw. die Art und Weise der Beteiligung. Als schließlich wichtigste Phase kann die Integrationsphase angesehen werden, da hier das Unternehmen vor der schwierigen Aufgabe steht das akquirierte Unternehmen in den eigenen Geschäftsstrukturen und Abläufe einzugliedern. In dieser Phase scheitern in der Praxis die meisten Unternehmenstransaktionen. Beim Akquisitionsprozess ist es gerade für mittelständische Unternehmen wichtig zu entscheiden, an welcher Stelle externe Berater einbezogen werden sollen, um eigene Unzulänglichkeiten zu kompensieren. So ist beispielsweise die durchgängige Begleitung des Akquisitionsprozesses durch einen erfahrenen Rechtsanwalt meist unerlässlich.

Nicht zuletzt lässt der aufwändige Akquisitionsprozess, insbesondere die Due Diligence Prüfung, viele kleinere, mittelständische Unternehmen an die Grenze ihrer Ressourcen stoßen. Die Due Diligence Prüfung ist aber für eine erfolgreiche Unternehmensakquisition unverzichtbar.

Ob die Wachstumsstrategie „Firmenkauf und Beteiligung" im Mittelstand eine sinnvolle Wachstumsstrategie ist, lässt sich aufgrund der breiten Definition des Mittelstandsbegriffs nicht pauschal beantworten. Für die größeren Familienunternehmen sind Unternehmensakquisitionen und die Partizipation an anderen Unternehmen sicherlich eine gute Möglichkeit um ihre Markposition zu stärken, in neue Geschäftsfelder vorzudringen oder neue Märkte zu erschließen. Für kleinere Unternehmen kann die Wachstumsstrategie im Einzelfall, beispielsweise bei der externen Unternehmensnachfolge, durchaus sinnvoll sein. Unternehmensakquisition und Mittelstand bedeutet jedoch keinen Widerspruch. Im Gegenteil, die Erfolgsquote bei mittelständischen Unternehmen liegt höher als die Quote von internationalen Megadeals.[129] Allerdings ist klar herauszustellen, dass ein Unternehmen auch über die nötigen Ressourcen verfügen muss um eine Akquisition bewerkstelligen zu können. Für kleinere Unternehmen sollten primär andere Wachstumsstrategien, wie beispielsweise Effizienzsteigerungen oder Produktinnovationen, Vorrang haben.

---

[129] Vgl. Furtner, Sabine (2006), S. 135.

Glossar

Asset Deal:

Erwerb aller Wirtschaftsgüter eines Unternehmens, wobei die Wirtschaftsgüter einzeln übertragen werden.

Corporate Acquires:

Strategische Käufer von Firmen

Due Diligence:

Die detaillierte Untersuchung, Prüfung und Bewertung eines potentiellen Beteiligungsunternehmens als Grundlage für die Investmententscheidung.

Financial Buyers:

Finanzinvestoren (siehe Private Equity).

Goodwill:

Immaterieller Anlagewert als Differenz zwischen dem Ertragswert bzw. Gesamtwert der Unternehmung und der Summe der Zeitwerte des bilanzierten Nettovermögens.

Joint Venture:

Unternehmenskooperation bzw. eine Art von Unternehmenszusammenschluss. Joint Venture ist die englische Bezeichnung für eine Kooperationsform zwischen in- und ausländischen Unternehmungen, bei der die Partner rechtlich selbständig bleiben.

Mergers & Acquisitions:

Kauf und die Zusammenführung von Firmen.

Post Merger Integration:

Integrationsphase nach einer rechtlichen Zusammenlegung mindestens zweier Unternehmen, bei der Prozesse und Strukturen vereinheitlicht und Geschäftsbereiche auch organisatorisch zusammengelegt werden.

Private Equity:

Sammelbegriff für alle Beteiligungsformen von privaten Investoren an einem Unternehmen, z.B. den Kauf verbriefter Eigenkapitalanteile oder stille Einlagen. Als Gegensatz zu Public Equity, dem Verkauf von Anteilen am anonymen Kapitalmarkt, zu verstehen.

Share Deal:

Firmenübernahme durch Kauf der Geschäftsanteile.

Literaturverzeichnis

Literatur:

Balz, Ulrich / Arlinghaus, Olaf (2007):

Balz, Ulrich / Arlinghaus, Olaf: Praxisbuch Mergers & Acquisition – Von der strategischen Überlegung zur erfolgreichen Integration, 2. Auflage, München 2007.

Baxmann, Ulf (2004):

Baxmann, Ulf : Grundsätzliche Implikationen aus Basel II, in: Merz, Joachim / Wangner, Joachim (Hrsg): Perspektiven der Mittelstandsforschung – Ökonomische Analysen zu Selbsständigkeit, Freien Berufen und KMU, 1. Auflage, Münster 2004.

Behrends, Thomas (2009):

Behrends, Thomas: Internationalisierung von kleinen und mittelständischen Unternehmen, in: Internationalisierung deutscher Unternehmen – Strategien, Instrumente und Konzepte für den Mittelstand, 1. Auflage, Wiesbaden 2009.

Behringer, Stefan (2004):

Behringer, Stefan (2004), Unternehmensbewertung der Mittel- und Kleinbetriebe - Betriebswirtschaftliche Verfahrensweisen, 3. Auflage, Berlin 2004.

Berens Wolfgang / Mertes, Martin / Strauch, Joachim (2005): Berens Wolfgang / Mertes, Martin / Strauch, Joachim: Unternehmensakquisition, in: Due Diligence bei Unternehmensakquisitionen, 4. Auflage, Stuttgart 2005.

Berens, Wolfgang / Hoffjan, Andreas / Strauch, Joachim (2005):

Berens, Wolfgang / Hoffjan, Andreas / Strauch, Joachim: Planung und Durchführung der Due Diligence, in: Due Diligence bei Unternehmensakquisitionen, 4. Auflage, Stuttgart 2005.

Berens, Wolfgang / Schmitting, Walter / Strauch, Joachim (2005):

Berens, Wolfgang / Schmitting, Walter / Strauch, Joachim: Funktionen, Terminierung und rechtliche Einordnung der Due Diligence, in: Berens, Wolfgang / Brauner, Hans / Strauch, Joachim (Hrsg.): Due Diligence bei Unternehmensakquisitionen, 4. Auflage, Stuttgart 2005.

Böhringer, Andreas / Budowsky, Ilka / Ebers, Mark / Maurer, Indre (2006):

Böhringer, Andreas / Budowsky, Ilka / Ebers, Mark / Maurer, Indre: Herausforderungen grenzüberschreitender M&A, in: Wirtz, Bernd, Handbuch für Mergers & Acquisitions Management, 1. Auflage, Wiesbaden 2006.

Bounken, Ricarda / Koch, Michael (2006):

Bounken, Ricarda / Koch, Michael: Internationalisierung von KMU – Eine empirische Studie zur Kooperation und Innovation, in: Meyer, Jörn-Axel: Kleine und mittlere Unternehmen in neuen Märkten, 1. Auflage, Köln 2006.

Brüser, Joachim (2007):

Brüser, Joachim: Unternehmensnachfolge: wie Sie als Mittelständler den Stab weitergeben, 1. Auflage, Berlin 2007.

Bundeskartellamt (2003):

Bundeskartellamt (Hrsg.): Ausnahmebereiche des Kartellrechts – Stand und Perspektiven der 7. GWB-Novelle. Diskussionspapier, Bonn 2003.

Burke, Frank (1981):

Burke, Frank: Valuation and Valuation Planning for Closely Held Business, 1. Auflage, New York 1981.

Dick, Markus / Piswagner, Karl (2006):

Dick, Markus / Piswagner, Karl: Expansionsformen in den neuen EU-Mitgliedsstaaten, in: Kailer, Norbert / Pernsteiner, Helmut (Hrsg): Wachstumsstrategie für Mittel- und Kleibetriebe – Eintrittsschritte in die neuen EU-Märkte, 1. Auflage, Berlin 2006.

Europäische Kommission (2006):

Europäische Kommission (Hrsg.): Die neue KMU-Definition - Benutzerhandbuch und Mustererklärung, 1. Auflage, Brüssel 2006

Ergenzinger, Rudoluf / Krulis-Randa, Jan (2006):

Ergenzinger, Rudoluf / Krulis-Randa, Jan: Erfolgs- und Risikofaktoren von KMU's – Beim Aufbruch und Wachstum in neue Märkte, in Meyer, Jörn-Axel: Kleine und mittlere Unternehmen in neuen Märkten, 1. Auflage, Köln 2006.

Furtner, Sabine (2006):

Furtner, Sabine: Management von Unternehmensakquisitionen im Mittelstand – Erfolgsfaktor Post-Merger-Integration, 1. Auflage, Wien 2006.

Geuting, Markus (2007):

Geuting, Markus: M&A - Rechtliche Grundlagen, in: Balz, Ulrich / Arlinghaus, Olaf: Praxisbuch Mergers & Acquisition – Von der strategischen Überlegung zur erfolgreichen Integration, 2. Auflage, München 2007.

Görtz, Birthe (2006),

Görtz, Birthe: Due Diligence als Schlüssel zum Erfolg von M&A, in: in: Wirtz, Bernd, Handbuch für Mergers & Acquisitions Management, 1. Auflage, Wiesbaden 2006.

Grant, Robert M. (2002):

Grant, Robert M.: Contemporary Strategy Analysis, Oxford 2002.

Grösche, Axel (1991):

Grösche, Axel: Mergers & Acquisitions im Mittelstand – Unternehmen und Beteiligungen gezielt kaufen und verkaufen: Planung, Strategie, Durchführung, Integration, 1. Auflage, Wiesbaden 1991.

Heindl, Ursula (1987):

Heindl, Ursula: Die Börseneinführung von GmbH-Anteilen, 1. Auflage, Frankfurt 1987.

Hilgert, Heinz / Ortseifen, Stefan (2007):

Hilgert, Heinz / Ortseifen, Stefan: Eigenkapitallücke im deutschen Mittelstand – Schuld oder Verdienst der Banken? Diagnose und aktuelle Lösungsansätze, 1. Auflage, Konstanz 2007.

Hinterhuber, Hans (2004):

Hinterhuber, Hans: Strategische Unternehmensführung – 1. Strategisches Denken, 7. Auflage, Berlin 2004.

Holzapfel Hans-Joachim / Pöllath Reinhard (2005):

Holzapfel Hans-Joachim / Pöllath, Reinhard: Unternehmenskauf in Recht und Praxis – Rechtliche und steuerliche Aspekte, 12. Auflage, Köln 2005

Jahn, Holger (2000):

Jahn, Holger: Der Letter of Intent – Europäische Hochschulschriften, 1. Auflage, Frankfurt 2000.

Jansen, Stephan (2001):

Jansen, Stephan: Mergers & Acquisitions – Unternehmensakquisitionen und -kooperationen, 4. Auflage, Wiesbaden 2001.

Jungblut, Eric (2003):

Jungblut, Eric: Due Diligence – Die wichtigsten Instrumente und Werkzeuge für die Analyse mittelständische Unternehmen, 1. Auflage, München 2003.

Kailer, Norbert / Piswagner, Karl (2006):

Kailer, Norbert / Piswagner, Karl: Betriebliche Kompetenzentwicklung und Einsatz externer Berater, in: Kailer, Norbert / Pernsteiner, Helmut (Hrsg): Wachstumsstrategie für Mittel- und Kleibetriebe – Eintrittsschritte in die neuen EU-Märkte, 1. Auflage, Berlin 2006.

Keitz, Isabel (2007):

Keitz, Isabel: Der Akquisitionsprozess – Unternehmenskauf aus prozessualer Sicht, in: Balz, Ulrich / Arlinghaus, Olaf: Praxisbuch Mergers & Acquisition – Von der strategischen Überlegung zur erfolgreichen Integration, 2. Auflage, München 2007.

Keller Michael / Hohnmann, Bruno (2007):

Keller Michael / Hohnmann, Bruno: Mergers & Acquisitions im Mittelstand, in: Haasis, Heinrich / Fischer, Thomas / Simmert, Diethard: Mittelstand hat Zukunft – Praxishandbuch für eine erfolgreiche Unternehmenspolitik, 1. Auflage, Stuttgart 2007.

Knapp, Thomas (2005):

Knapp, Thomas: Kartellrecht in der Unternehmenspraxis, 1 Auflage, Wiesbaden 2005.

Knüsel, Daniel (1994):

Knüsel, Daniel: Die Anwendung der DCF-Methode zur Unternehmensbewertung, 1. Auflage, Winterthur 1994.

Krüger, Wilfried (2006):

Krüger, Wilfried: Integration im Verlauf eines M&A-Projektes, in: Wirtz, Bernd: Handbuch für Mergers & Acquisitions Management 1. Auflage, Wiesbaden 2006.

Lojewski ,Ute (2007):

Lojewski ,Ute: Kooperationen als Alternative, in: Balz, Ulrich / Arlinghaus, Olaf: Praxisbuch Mergers & Acquisition – Von der strategischen Überlegung zur erfolgreichen Integration, 2. Auflage, München 2007.

Lucks, Kai / Meckl, Reinhard (2002):

Lucks, Kai / Meckl, Reinhard: Internationale Mergers & Acquisitions – Der prozessorientierte Ansatz, Berlin 2002.

Majunke Consulting / Corperate Finance (2011):

Majunke Consulting / Corperate Finance: Yearbook of M&A 2010/11, 1. Auflage, Düsseldorf 2011

Müller, Herbert (2006):

Müller, Herbert: Demerger-Management, in Wirtz, Bernd: Handbuch für Mergers & Acquisitions Management, 1. Auflage, Wiesbaden 2006.

Niewiarra, Manfred (2000):

Niewiarra, Manfred: Unternehmenskauf, 1. Auflage, Baden-Baden 2000.

Picot, Gerhard / Classen, Dirk (2008):

Picot, Gehard / Classen, Dirk: Externe Unternehmensnachfolge in: Picot, Gerhard (Hrsg.) Handbuch für Familien und Mittelstandsunternehmen – Strategie, Gestaltung, Zukunftssicherung, 1. Auflage, Stuttgart 2008.

Rockenholtz, Carsten (2005):

Rockenholtz, Carsten: Due Diligence-Konzeption zum synergieorientierten Akquisitionsmanagement, in Berens, Wolfgang / Brauner, Hans / Strauch, Joachim (Hrsg.): Due Diligence bei Unternehmensakquisitionen, 4. Auflage, Stuttgart 2005.

Scholz, Joachim (2000):

Scholz, Joachim: Wert und Bewertung internationaler Akquisitionen, 1. Auflage, Wiesbaden, 2000.

Tuller, Lawrence (2008):

Tuller, Lawrence: The Small Business Valuation Book - Easy-To-Use Techniques That Will Help You...- Determine a Fair Price, Negotiate Terms, Minimize Taxes, 2. Auflage, Avon (USA) 2008.

Wirtz, Bernd (2003):

Wirtz, Bernd: Mergers&Acquisitions Management – Strategie und Organisation von Unternehmenszusammenschlüssen, 1. Auflage, Wiesbaden 2003.

Ziegler, Markus (1997):

Ziegler, Markus: Synergieeffekte bei Unternehmenskäufen – Identifikation im Beschaffungs- und Produktionsbereich von Industriebetrieben, 1. Auflage, Wiesbaden 1997.

Studien:

BCG-Studie (2010):

BCG (Hrsg.): Accelerating Out of the Reat Rescession – Seize the Opportunities in M&A, Boston 2010.

DZ BANK Mittelstandsstudie (2011):

DZ BANK (Hrsg.): Mittelstandsstudie – Mittelstand im Blickpunkt, Frankfurt 2011.

Exklusiv-Studie IfD-Allensbach / WHU Koblenz / Bankhaus Metzler (2007):

Exklusiv-Studie IfD-Allensbach / WHU Koblenz / Bankhaus Metzler (Hrsg.): „M&A im Mittelstand" Frankfurt, 2007.

BDI-Mittelstandspanel (2005):

BDI-Mittelstandspanel: Kayser, G.; Wallau, F.; Adenäuer, C.: Ergebnisse der Online-Mittelstandsbefragung - Herbst 2005, in: Institut für Mittelstandsforschung Bonn (Hrsg.): IfM-Materialien Nr. 165, Bonn 2005.

BDI-Mittelstandspanel (2006):

BDI-Mittelstandspanel: Wallau, F.; Adenäuer, C.; Kayser, G.: BDI-Mittelstandspanel: Ergebnisse der Online-Mittelstandsbefragung - Herbst 2006, in: Institut für Mittelstandsforschung Bonn (Hrsg.): IfM-Materialien Nr. 169, Bonn 2006

BDI-Mittelstandspanel (2009):

BDI-Mittelstandspanel: Hoffmann, M.; Kayser, G.; Wallau, F.: Ergebnisse der Online-Mittelstandsbefragung – Frühjahr 2009, Untersuchung im Auftrag des BDI, der Ernst & Young AG und der IKB Deutsche Industriebank AG, Berlin, Düsseldorf und Bonn 2009.

Berger, Roland (2009):

Berger, Roland: Studie von Roland Berger Strategy Consultants und Rothschild: Weltweit stehen Automobilzulieferer vor der größten Krise ihrer Geschichte, München 2008

IfM-Studie (2010):

IfM Studie zur Unternehmensnachfolge: Hauser, H.-E.; Kay, R.; Boerger, S.: Unternehmensnachfolgen in Deutschland 2010 bis 2014 - Schätzung mit weiterentwickeltem Verfahren -, in: IfM Bonn (Hrsg.): IfM-Materialien Nr. 198, Bonn 2010.

KPMG- Mittelstandsstudie (2007):

KPMG-Studie Wachstum und Internationalisierung mittelständischer Unternehmen – Deutschland im europäischen Vergleich: Kartchev, Ventzislav / Reuss, Sabine / KPMG (Hrsg.), Berlin 2007.

Mint-Studie (2004):

Mint-Studie: Der Mittelstand in Deutschland – Wachsen aus eigener Kraft, Wissenschaftliche Bearbeitung IfM Bonn. Gruner + Jahr AG & Co KG, Wirtschaftspresse Köln Deutscher Sparkassen- und Giroverband (Hrsg.), Berlin 2004

Internetquellen:

DIHK (2011):

DIHK: Deutsche Betriebe in Griechenland klagen über Kreditklemme:

http://www.dihk.de/presse/meldungen/2011-07-27-griechenland-kreditklemme

Abgefragt: 29.08.2011

IfM Bonn (a):

Ifm Bonn: Mittelstandsdefinition des IfM Bonn:

http://www.ifm-bonn.org/index.php?id=3=3

Abgefragt: 29.08.2011

IfM Bonn (b):

Ifm Bonn: Schlüsselzahlen der KMU nach Definition der EU:

http://www.ifm-bonn.org/index.php?id=897

Abgefragt: 29.08.2011

IfM Bonn (c):

Ifm Bonn: Unternehmensnachfolge im Zeitraum 2005 bis 2010:

http://www.ifm-bonn.org/index.php?id=554

Abgefragt: 29.08.2011

VDA (2009):

VDA: Deutsche Automobilindustrie im Sog der weltweiten Rezession, Frankfurt 2009:

www.vda.de/de/meldungen/archiv/2009/01/06/2197/

Abgefragt: 29.08.2011

Zeitschriften:

DIHK-Report (2010):

DIHK-Report: Sprungbrett Unternehmensnachfolge, Deutscher Industrie- und Handelskammertag (Hrsg.), Berlin 2010.

Martens, Andrea (2006):

Martens, Andrea: Fit für den Firmenkauf, in: Markt & Mittelstand, FINANCIAL GATES GmbH (Hrsg.), Ausgabe 10, Frankfurt 2006.

Selbach, David (2007):

Selbach, David: M&A im Mittelstand, in: Zeitschrift Impulse, Gruner + Jahr AG & Co. KG (Hrsg.). Ausgabe 10/07, Hamburg 2007.

Voss, Inga (2006):

Voss, Inga: Das M&A-Motto 2006: Big is beautiful – Ein Rückblick auf den deutschen M&A-Markt in ersten Halbjahr 2006, in: M&A Review, Müller-Stewens, Günther (Hrsg.), Ausgabe 07/2006, München 2006.

Lightning Source UK Ltd.
Milton Keynes UK
UKHW010639230721
387648UK00002B/394